VOYAGES

DE

BOUGAINVILLE.

IN-12 4ᵉ SÉRIE.

VOYAGES

DE

BOUGAINVILLE

ET

DE SURVILLE

AUTOUR DU MONDE ET EN OCÉANIE

PAR ALFRED DRIOU.

LIMOGES,

Eugène ARDANT et C. THIBAUT,

ÉDITEURS.

VOYAGES

DE

BOUGAINVILLE

ET DE SURVILLE.

VOYAGE AUTOUR DU MONDE.

(1766—1769.)

Louis-Antoine de Bougainville, aide-de-camp de Chevert d'abord, puis conpagnon du marquis de Montcalm au Canada, se couvrit de gloire dans l'expédition française d'Amérique et obtint le grade de colonel. A la paix, il se tourna vers la marine et devint bientôt un navigateur de renom.

Il fut le premier de nos marins de France qui tenta un voyage de circumnavigation autour du globe terrestre.

Bougainville publia ensuite la relation de son voyage, et cette relation, parfaitement écrite, eut un succès prodigieux.

Terre de Feu. — Archipel Pomotou. — Iles O-Taïti. — Archipel des Navigateurs. — Nouvelles-Hébrides. — Louisiade. — Iles Salomon. — Nouvelle-Irlande. — Nouvelle-Guinée.

« Dans le mois de février 1764, dit-il dans son rapport, la France avait commencé un établissement aux îles Malouines, ainsi nommées parce qu'elles furent découvertes par des marins de Saint-Malo. L'Espagne revendiqua ces îles, comme étant une dépendance du continent de l'Amérique méridionale; et son droit ayant été reconnu par le roi, je reçus ordre d'aller remettre notre établissement aux Espagnols, et de me rendre ensuite aux Indes orientales, en traversant la mer du sud entre les tropiques.

» On me donna pour cette expédition le commandement de la frégate la *Boudeuse*, de vingt-six canons de douze, et je devais être joint aux îles Malouines, dans le but de m'apporter des vivres et de m'accompagner, par la flûte l'*Etoile*.

» Dans les premiers jours du mois de novembre 1766, je me rendis à Nantes, où la *Boudeuse* venait d'être construite, et où monsieur Duclos-Guyot, capitaine de brûlot, mon second, en faisait l'armement. Le 5 de ce mois nous descendîmes de Paimbœuf à Mindin pour achever de l'armer, et le 15 nous fîmes voile de cette rade pour nous rendre à la rivière de la Plata, dans le Brésil. Je devais y trouver deux frégates espagnoles dont le commandant était chargé de recevoir les îles Malouines au nom de S. M. Catholique.

» Le 17 nous essuyâmes un coup de vent violent, qui nous rompit notre petit mât et ensuite le grand, ce qui nous mettait dans l'impossibilité de continuer notre route. Je pris le parti de relâcher à Brest, où nous entrâmes par le passage d'Ivoise, le 21 novembre.

» Le 5 décembre nous appareillâmes de la rade de Brest.

» Mon état-major était composé de onze officiers, trois volontaires, et l'équipage de deux cent trois matelots, officiers-mariniers, soldats, mousses et domestiques. Monsieur le prince de Nassau-Sieghen avait obtenu du roi la permission de faire cette campagne.

» Le 17, après midi, on eut connaissance des Salvages, le 18 de l'île de Palme, et le 19 de l'île de For. Ce qu'on nomme les Salvages est une petite île d'environ une lieue d'étendue de l'est à l'ouest. Elle est basse au milieu, mais à chaque extrémité s'élève un mondrain. Une chaîne de roches, dont quelques-unes paraissent au-dessus de l'eau, s'étend du côté de l'ouest, à deux lieues de l'île.

» Les deux frégates espagnoles étaient dans cette rade depuis un mois. Leur commandant et moi, nous nous rendîmes ensemble à Buenos-Ayres, afin d'y concerter avec le général les mesures nécessaires pour la cession de l'établissement que je devais livrer aux Espagnols.

» Nous fîmes le voyage de Buenos-Ayres, monsieur le prince de Nassau et moi, en remontant la Plata dans une goëlette ; mais, comme pour revenir de même, nous aurions eu le vent debout, nous passâmes la rivière vis-à-vis de Buenos-Ayres, au-dessus de la colonie du Saint-Sacrement, et fîmes par terre le reste de la route jusqu'à Monte-Video, où nous avions laissé la *Boudeuse*. Nous traversâmes ces plaines immenses, — appelées Pampas, — dans lesquelles on se conduit par le coup d'œil, dirigeant son chemin de manière à ne pas manquer les gués des rivières, chassant devant soi trente ou quarante chevaux, parmi lesquels il faut prendre son relai avec un lacs, lorsque celui qu'on monte est fatigué, se nourrissant de viande presque crue, et passant les nuits dans des cabanes faites de cuir, où le sommeil est à chaque instant interrompu par les hurlements des tigres qui rôdent dans les environs. Je n'oublierai de ma vie la façon dont nous passâmes la rivière de Sainte-Lucie, rivière fort profonde, très rapide et beaucoup plus large que n'est la Seine vis-à-vis des Invalides. On vous fait entrer dans un canot étroit et long, et dont un des bords est de moitié plus haut que l'autre ; on force ensuite deux chevaux d'entrer dans l'eau, l'un à tribord, l'autre à bâbord du canot, et le maître du bac, tout nu, précaution fort sage assurément, mais peu propre à rassurer ceux qui ne savent pas nager, soutient de son mieux au-dessus de la rivière la tête des deux chevaux, dont la besogne est alors de vous passer à la nage de l'autre côté, s'ils en ont la force.

» Don Ruis, capitaine de vaisseau espagnol, chargé de prendre possession des îles Malouines, arriva à Monte-Video peu de jours après nous. Il y vint en même temps deux goëlettes chargées, l'une de bois et de rafraîchissements, l'autre de biscuit et de farine, que nous embarquâmes en remplacement de notre consommation depuis Brest. Nous mîmes les canons dans la cale, à l'exception de quatre que nous conservâmes pour les signaux, ce qui nous donna de la place pour prendre à bord une plus grande quantité de bestiaux. Enfin, ces frégates espagnoles étant prêtes, nous nous disposâmes à sortir de la rivière de la Plata, le 27 février 1767.

1.

» Nous eûmes, pendant la traversée aux Malouines, le 21, à quatre heures après midi, connaissance des Sébaldes, et bientôt après des Malouines.

» Le 1er avril, je livrai notre établissement aux Espagnols.

» Les îles Malouines, jusqu'à nos jours, n'étaient que très imparfaitement connues. La plupart des relations nous les dépeignent comme un pays couvert de bois. Au commencement de ce siècle, le *Saint-Louis*, navire de Saint-Malo, mouilla à la côte du sud-est, dans une mauvaise baie, à l'abri de quelques petites îles, qu'on appela Iles Anican, du nom de l'armateur, mais il n'y séjourna que pour faire de l'eau, et les appela Malouines, du nom de Saint-Malo, sans s'occuper de les reconnaître.

» Cependant leur position heureuse pour servir de relâche aux vaisseaux qui vont dans la mer du Sud, et d'échelle pour la découverte des terres australes, avait frappé les navigateurs de toutes les nations.

» L'illusion que ces îles étaient couvertes de bois agit sur mes compagnons et sur moi. Nous vîmes avec surprise, en débarquant, que ce que nous avions pris pour du bois en cinglant le long de la côte n'était autre chose que des touffes de joncs fort élevées et fort rapprochées les unes des autres. Leur pied, en se desséchant, reçoit la couleur d'herbe morte jusqu'à une toise environ de hauteur, et de là sort une touffe de joncs d'un beau vert qui couronne ce pied, de sorte que, dans l'éloignement, les tiges réunies présentent l'aspect d'un bois de médiocre hauteur. Ces joncs ne croissent qu'au bord de la mer et sur les petites îles. Les montagnes de la grande terre sont, dans quelques endroits, couvertes entièrement de bruyères, qu'on prend aisément de loin pour des taillis.

» Les diverses courses que j'ordonnai aussitôt, et que j'entrepris moi-même dans l'île, couchant tous à la belle étoile et vivant de notre chasse, ne nous procurèrent la découverte d'aucune espèce de bois, ni d'aucune trace que cette terre eût été jamais fréquentée par quelque navire. Je trouvai seulement, et en abondance, une excellente tourbe qui pouvait suppléer au bois, tant pour le chauffage que pour la forge ; et je parcourus des plaines immenses coupées partout de petites rivières d'une eau parfaite. La nature d'ailleurs, n'offrait pour la subsistance des hommes que la pêche et plusieurs sortes de gibier de terre et d'eau. A la vérité, ce gibier était en grande quantité et facile à prendre. Ce fut un spectacle singulier de voir à notre arrivée tous ces animaux, jusqu'alors seuls habitants de l'île, s'approcher de nous sans crainte et ne témoigner d'autres mouvements que ceux que la curiosité inspire à la vue d'un objet inconnu. Les oiseaux se laissaient prendre à la main ; quelques-uns venaient d'eux-mêmes se poser sur les gens qui étaient arrêtés ; tant il est vrai que l'homme ne porte point empreint un caractère de férocité qui fasse reconnaître en lui, par le seul instinct, aux animaux faibles, l'être qui se nourrit de leur sang. Cette confiance ne leur a pas duré longtemps : ils eurent bientôt appris à se méfier de leur plus cruel ennemi.

» Cependant j'attendais vainement l'*Etoile* aux îles Malouines : les mois de mars et d'avril s'étaient écoulés sans que cette flûte y fût venue. Je ne pouvais entreprendre de traverser l'océan Pacifique avec ma seule frégate, incapable de porter pour plus de six mois de vivres à son équipage. J'attendis encore la flûte pendant tout le mois de mai. Voyant alors qu'il ne me restait plus de vivres que pour deux mois, j'appareillai des îles Malouines le 2 juin pour me rendre à Rio-Janeiro. Nous eûmes dans cette traversée un temps favorable. Le 20 juin, après midi, nous vîmes les hauts mornes de la côte du Brésil, et le 21 nous reconnûmes l'entrée de Rio-Janeiro.

» Je me hâtai de faire notre eau, de prendre à bord de l'*Etoile* les provisions dont je ne pouvais me passer, et d'embarquer des rafraîchissements.

» Alors, le 14 novembre nous reprîmes la mer. Le 27 nous étions à l'entrée du détroit de Magellan, en face du cap des Vierges.

» Le 1ᵉʳ et le 2 décembre, les vents furent favorables, la mer grosse et le temps brumeux : nous forcions de voiles pendant le jour, et nous passions la nuit sous la misaine. Nous vîmes pendant tout ce temps des damiers, des quebranta-huessos, et, ce qui est de mauvais augure dans toutes les mers du globe, des alcyons qui disparaissent quand la mer est belle et le ciel serein. Nous vîmes aussi des loups marins, des pingouins et une grande quantité de baleines. Quelques-uns de ces monstrueux animaux paraissaient avoir l'écaille couverte de ces vermiculaires blancs qui s'attachent à la carène des vieux vaisseaux qu'on voit pourrir dans les ports. Le 30 novembre, deux oiseaux blancs, semblables à de gros pigeons, étaient venus se poser sur nos vergues.

» Le cap des Vierges est une terre unie d'une hauteur médiocre : il est coupé à pic à son extrémité. A neuf heures et demie du soir nous avions amené à l'ouest la pointe septentrionale de l'entrée du détroit sur laquelle est une chaîne de rochers qui s'étend à une lieue au large.

» Le 8 nous passâmes le premier goulet, malgré le vent qui était directement debout et très violent. Nous vîmes alors des Patagons qui, toute la nuit, avaient entretenu des feux au fond de la baie de Possession, et qui élevèrent un pavillon blanc sur une hauteur.

» Nous aperçûmes aussi fort distinctement, lorsque nous fûmes dans le goulet, une vingtaine d'hommes sur la Terre de Feu. Ils étaient couverts de peaux et couraient à toutes jambes le long de la côte en suivant notre route. Ils paraissaient même de temps en temps nous faire des signes avec la main, comme s'ils eussent désiré que nous allassions à eux. Selon le rapport des Espagnols, la nation qui habite cette partie de la Terre de Feu n'a rien des mœurs cruelles de la plupart des sauvages.

» A midi nous étions sortis du premier goulet. Le vent s'était rangé au sud, et la marée continuait à nous élever à l'ouest. A trois heures, l'un et l'autre nous manquèrent, et nous mouillâmes dans la baie Boucault. Là, mettant pied à terre, nous vîmes venir à nous six Américains à cheval et au grand galop. Ils descendirent de cheval à cinquante pas, et sur-le-champ accoururent à nous en criant : *Chaoua!* En nous joignant ils tendaient les mains et les appuyaient contre les nôtres. Ils nous serraient ensuite entre leurs bras, répétant à tue-tête : *Chaoua!* que nous répétions comme eux. Ces bonnes gens parurent très joyeux de notre arrivée. Deux des leurs, qui tremblaient en venant à nous, ne furent pas longtemps sans se rassurer. Après beaucoup de caresses réciproques, nous fîmes apporter de nos canots des galettes et un peu de pain frais, que nous leur distribuâmes et qu'ils mangèrent avec avidité. A chaque instant leur nombre augmentait; bientôt il s'en ramassa une trentaine, parmi lesquels il y avait quelques jeunes gens et un enfant de huit à dix ans. Tous vinrent à nous avec confiance et nous firent les mêmes caresses que les premiers. Ils ne paraissaient point étonnés de nous voir, et, en imitant avec la voix le bruit de nos fusils, ils nous faisaient entendre que ces armes leur étaient connues. Ils paraissaient attentifs à faire ce qui pouvait nous plaire.

» Nous échangeâmes quelques bagatelles précieuses à leurs yeux contre des peaux de guanaques et de vigognes. Ils nous demandèrent par signes du tabac à fumer, et le rouge semblait les charmer. Aussitôt qu'ils apercevaient sur nous quelque chose de cette couleur, ils venaient passer la main dessus et témoignaient en avoir grande envie. Au reste, à chaque chose qu'on leur donnait, à chaque chose qu'on leur faisait, le *Chaoua*! recommençait : c'étaient des cris à étourdir. On s'avisa de leur faire boire de l'eau-de-vie, en ne leur en laissant prendre qu'une gorgée à chacun. Dès qu'ils l'avaient avalée, ils se frappaient avec la main sur la gorge et poussaient en soufflant un son tremblant et inarticulé qu'ils terminaient par un roulement avec les lèvres. Tous firent la même cérémonie, qui nous donna un spectacle assez bizarre.

» Ces Américains sont d'une belle taille ; parmi ceux que nous avons vus, aucun n'était au-dessous de cinq pieds cinq à six pouces, ni au-dessus de cinq pieds neuf à dix pouces. Les gens de l'*Etoile* en avaient vu dans le précédent voyage plusieurs de six pieds. Ce qui m'a paru être gigantesque en eux, c'est leur énorme carrure, la grosseur de leur tête et l'épaisseur de leurs membres. Ils sont robustes et bien nourris, leurs nerfs sont tendus, leur chair est ferme et soutenue. Leur figure n'est ni dure ni désagréable, plusieurs l'ont jolie. Leur visage est rond et un peu plat ; leurs yeux sont vifs, et leurs dents excessivement blanches. Leur couleur est bronzée ; quelques-uns avaient les joues peintes en rouge. Il nous a paru que leur langue était douce, et rien n'annonce chez eux un caractère féroce.

» L'habillement de ces Patagons est à peu près le même que celui des Indiens de la Plata : c'est un simple braguée de cuir qui leur cache le ventre, et un grand manteau de peaux de guanaques ou de sourillos, attaché autour du corps avec une ceinture. Les seules armes que nous leur ayons vues sont deux cailloux ronds attachés aux deux bouts d'un boyau cordonné, semblables à ceux dont on se sert dans cette partie de l'Amérique. Ils ont aussi de petits couteaux de fer, dont la lame était épaisse d'un pouce et demi à deux pouces. Ces couteaux, de fabrique anglaise, leur avaient été vraisemblablement donnés par le commodore Byron. Leurs chevaux, petits et fort maigres, étaient sellés et bridés à la manière des habitants des rives de la Plata. Un Patagon avait à la selle des clous dorés, des étriers de bois recouverts d'une lame de cuivre, une bride en cuir tressée, enfin tout un harnais espagnol. Ils avaient aussi avec eux de petits chiens, lesquels, ainsi que leurs chevaux, boivent de l'eau de mer, l'eau douce étant fort rare sur cette côte et même sur ce terrain.

» Nous allions entrer dans la partie boisée du détroit de Magellan. Ce ne fut que le 13, après midi, que le vent étant venu au nord-ouest, nous appareillâmes et fîmes route dans le canal qui sépare l'île Sainte-Elisabeth des îles Saint-Barthélemy et aux Lions. Après bien des difficultés nous mouillâmes dans la baie Duclos, du nom de monsieur Duclos-Guyot, mon second.

» Le 16, nous passâmes la pointe Sainte-Anne et le cap Rond. Ensuite, le vent nous conduisit jusqu'à une lieue et demie du cap Forward. Alors le calme survint et dura deux heures. J'en profitai pour aller dans le petit canot visiter les environs du cap, y prendre des sondes et des relèvements. Ce cap est la pointe la plus méridionale de l'Amérique et de tous l's continents connus. Il présente une surface à deux têtes d'environ trois quarts de lieue, dont la tête orientale est plus élevée que celle de l'ouest. Tout le cap est un rocher vif et taillé à pic. Sa cime droite est couverte de neige. Il y croît cependant quelques arbres dont les racines s'étendent dans les crevasses et s'y nourrissent d'une éternelle humidité. Sur le point qui termine ou commence un vaste continent, nous arborâmes le pavillon de la France...

» Nous fîmes plusieurs voyages pour reconnaître les côtes voisines du continent de la Terre de Feu. En longeant la Terre de Feu, nous aperçûmes des naturels, et plusieurs feux paraître et s'éteindre : ensuite ils restèrent allumés, et nous distinguâmes des sauvages sur la pointe basse d'une baie, où j'étais déterminé à m'arrêter. Nous allâmes aussitôt à leurs feux, et je reconnus la même horde de sauvages que j'avais déjà vue à mon premier voyage dans le détroit. Nous les avions alors nommés *Pécherais*, parce que ce fut le premier mot qu'ils prononcèrent en nous abordant, et que sans cesse ils nous le répétaient, comme les Patagons répétaient le mot *Chaoua*. La même cause nous leur a fait laisser cette fois le même nom.

» Ces Pécherais sont petits, vilains, maigres et d'une puanteur insupportable. Ils sont presque nus, n'ayant pour tout vêtement que de mauvaises peaux de loups-marins trop petites pour les envelopper. Leurs femmes sont hideuses. Ce sont elles qui voguent dans les pirogues et qui prennent soin de les entretenir, au point d'aller à la nage, malgré le froid, vider l'eau qui peut y entrer. A terre, elles ramassent le bois et les coquillages, sans que les hommes prennent part au travail. Elles portent sur leurs dos leurs enfants pliés dans la peau qui leur sert de vêtement.

» Le 16, nous appareillâmes avec la marée favorable. Le 25, nous passâmes à mi-canal le *bras Tortueux*. A midi nous eûmes connaissance du cap des Piliers, terres très élevées, ou plutôt grosse masse de rochers qui se termine par deux rochés coupées en forme de tours. A huit heures nous étions entièrement dégagés des terres, et un bon vent du nord nous faisait avancer à pleines voiles dans la mer occidentale.

» Le 30 janvier, je dirigeai ma route pour reconnaître la terre que Davis, flibustier anglais, vit en 1686, et qu'en 1722 Roggeween, Hollandais, chercha vainement. J'en continuai la recherche jusqu'au 17 février.

» Nous courûmes pendant tout le mois de mars le parallèle des premières terres et îles marquées sous le nom d'îles de Quiros.

» Enfin, le 2 avril, à dix heures du matin, nous aperçûmes dans le nord-est une montagne haute et fort escarpée qui nous parut isolée. Je la nommai le Pic de la *Boudeuse*. Nous courions au nord pour la reconnaître, lorsque nous eûmes la vue d'une autre terre dont la côte non moins élevée offrait à nos yeux une étendue indéterminée. Nous avions le plus grand besoin d'une relâche qui nous procurât du bois et des rafraîchissements, et on se flattait de les trouver sur cette terre.

» Pendant la nuit du 3 au 4 nous louvoyâmes pour nous élever dans le nord. Des feux que nous vîmes avec joie briller de toutes parts sur la côte nous apprirent qu'elle était habitée. Le 4, au lever de l'aurore, nous reconnûmes que les deux terres, qui la veille nous avaient paru séparées, étaient unies ensemble par une terre plus basse qui se courbait en arc et formait une baie ouverte au nord-est. Nous courions à pleines voiles vers la terre, présentant le navire au vent de cette baie, lorsque nous aperçûmes une pirogue qui venait du large et voguait vers la côte, se servant de sa voile et de ses pagaies. Elle nous passa de l'avant et se joignit à une infinité d'autres qui de toutes les parties de l'île accouraient au-devant de nous. L'une d'elles précédait les autres : elle était conduite par douze hommes qui nous présentèrent des branches de bananiers, et leurs démonstrations attestaient que c'était là le rameau d'olivier. Nous leur répondîmes par tous les signes d'amitié dont nous pûmes nous aviser. Alors ils accostèrent le navire, et l'un d'eux, remarquable par son énorme chevelure hérissée en rayons, nous offrit avec son rameau de paix un petit cochon et un régime de bananes. Nous acceptâmes son présent, qu'il attacha à une corde qu'on lui jeta. Nous lui donnâmes des bonnets et des mouchoirs, et ces premiers présents furent le gage de notre alliance avec le peuple.

» Bientôt plus de cent pirogues de grandeurs différentes, et toutes à balancier, environnèrent les deux vaisseaux. Elles étaient chargées de cocos, de bananes et d'autres fruits du pays. L'échange de ces fruits délicieux pour nous contre toutes sortes de bagatelles se fit avec bonne foi, mais sans qu'aucun des insulaires voulût monter à bord. Il fallait entrer dans leurs pirogues ou montrer de loin les objets d'échange. Lorsqu'on était d'accord, on leur envoyait au bout d'une corde un panier ou un filet ; ils y mettaient leurs effets, et nous les nôtres, donnant ou recevant indifféremment avant que d'avoir donné ou reçu, avec une bonne foi qui nous fit bien augurer de leur caractère. D'ailleurs nous ne vîmes aucune espèce d'armes dans leurs pirogues. Les pirogues restèrent le long des navires jusqu'à ce que les approches de la nuit nous fissent revirer au large : toutes alors se retirèrent.

» Nous tâchâmes dans la nuit de nous élever au nord, n'écartant jamais la terre de plus de trois lieues. Tout le rivage fut jusqu'à près de minuit, ainsi qu'il l'avait été la nuit précédente, garni de petits feux à peu de distance les uns des autres : on eût dit que c'était une illumination faite à dessein, et nous l'accompagnâmes de plusieurs fusées tirées des deux vaisseaux.

» La journée du 5 se passa à louvoyer, afin de gagner au vent de l'île, et à faire sonder par les bateaux pour trouver un mouillage. L'aspect de cette côte élevée en amphithéâtre nous offrait le plus riant spectacle. Quoique les montagnes y soient d'une grande hauteur, le rocher n'y montre nulle part son aride nudité ; tout y est couvert de bois. A peine en crûmes-nous nos yeux lorsque nous découvrîmes un pic chargé d'arbres jusqu'à sa cime isolée, qui s'élevait au niveau des montagnes dans l'intérieur de la partie méridionale de l'île. Il ne paraissait pas avoir plus de trente toises de diamètre ; et il diminuait de grosseur en montant ; on l'eût pris, de loin, pour une pyramide d'une hauteur immense que la main d'un décorateur habile aurait parée de guirlandes de feuillage. Des terrains moins élevés sont entrecoupés de prairies

et de bosquets, et dans toute l'étendue de la
côte il règne sur les bords de la mer, au pied du
haut pays, une lisière de terre basse et unie,
couverte de plantations. C'est là qu'au milieu
des bananiers, des cocotiers et d'autres arbres
chargés de fruits, nous apercevions les maisons
des insulaires.

» Comme nous prolongions la côte, nos yeux
furent frappés de la vue d'une belle cascade qui
s'élançait du haut des montagnes et précipitait
à la mer ses eaux écumantes. Un village était
bâti au pied, et la côte y paraissait sans brisants.
Nous désirions tous pouvoir mouiller à la portée
de ce lieu enchanteur; sans cesse on sondait,
des navires, et nos bateaux sondaient jusqu'à
terre. On ne trouva dans cette partie qu'un amas
de roches, et il fallut se résigner à chercher ailleurs un mouillage.

» Le 6 au matin, nous étions parvenus à
l'extrémité septentrionale de l'île. Une seconde
île s'offrit à nous; mais la vue de plusieurs
brisants qui paraissaient défendre le passage
entre les deux îles me détermina à revenir sur
mes pas chercher un mouillage dans la première
baie que nous avions vue le jour de notre attérage. A une lieue de la pointe du nord, nos canots reconnurent dans un récif une coupure
large de deux encâblures au plus, dans laquelle
il y avait de trente à trente-cinq brasses d'eau,

et en-dedans une rade où le fond variait depuis neuf jusqu'à trente brasses.

» Je me décidai à mouiller dans cette rade, et sur-le-champ nous fîmes route pour y entrer. »

C'était la baie et le point du pays que les naturels nomment Hidia. C'était à Matawaï, au nord-ouest, que Wallis avait jeté l'ancre. Ce n'était donc pas aux indigènes vus, connus et battus par Wallis, que Bougainville allait avoir affaire.

« Ainsi, nous étions en face de l'île O-Taïti, ou Taïti, de Queiros et de Wallis.

» A mesure que nous avions approché de la terre, les insulaires avaient environné les navires. L'affluence des pirogues fut si grande autour des navires, que nous eûmes beaucoup de peine à nous amarrer au milieu de la foule et du bruit. Tous venaient en criant : *Tayo*, qui veut dire *ami*, et en nous donnant mille témoignages d'amitié. Tous demandaient des clous et des pendants d'oreilles. Nombre de femmes accompagnaient les hommes.

» Lorsque nous fûmes amarrés, je descendis à terre avec plusieurs officiers, afin de reconnaître un lieu propre à faire de l'eau. Nous fûmes reçus par une foule énorme d'insulaires qui ne se lassaient pas de nous considérer. Ils ne savaient comment exprimer leur joie de nous recevoir. Le chef de ce canton nous conduisit dans sa maison et nous y introduisit. Il y avait dedans cinq ou six femmes et un vieillard vénérable. Les femmes nous saluèrent en criant : *Tayo!* Le vieillard était le père de notre hôte. Il n'avait du grand âge que le caractère respectable qu'impriment les ans sur une belle figure : sa tête ornée de cheveux blancs et d'une longue barbe, tout son corps nerveux et bien ferme, ne montrait aucune ride, aucun signe de décrépitude. Cet homme vénérable parut s'apercevoir à peine de notre arrivée : il se retira même sans répondre à nos caresses, sans témoigner ni frayeur, ni étonnement, ni curiosité.

» On nous laissa la liberté d'examiner l'intérieur de la maison. Elle n'avait aucun meuble, aucun ornement qui la distinguât des autres cases ordinaires, si ce n'est sa grandeur. Elle pouvait avoir quatre-vingts pieds de long sur vingt de large. Nous y remarquâmes un cylindre d'osier, long de trois ou quatre pieds et garni de plumes noires, lequel était suspendu au toit, et deux figures de bois que nous prîmes pour des idoles. L'une, c'était le dieu, était debout contre un des piliers; la déesse était vis-à-vis, inclinée le long du mur, qu'elle surpassait en hauteur, et attachée aux roseaux qui le forment. Ces figures, mal faites et sans proportions, avaient environ trois pieds de haut, mais elles tenaient à un piédestal cylindrique, vidé dans l'intérieur, et sculpté à jour. Le chef nous proposa ensuite de nous asseoir sur l'herbe en dehors de sa maison, où il fit apporter beaucoup de fruits, du poisson grillé et de l'eau. Pendant le repas, il envoya chercher quelques pièces d'étoffes, et deux grands colliers faits d'osier et recouverts de plumes noires et de dents de requin. Leur forme ne ressemble pas mal à ces fraises qu'on portait au temps de François Ier.

» Le chef et tout le peuple nous accompagnèrent jusqu'à nos bateaux. Prêts à y arriver, nous fûmes arrêtés par un insulaire d'une belle figure, qui, couché sous un arbre, nous offrit de partager le gazon qui lui servait de siége ; nous l'acceptâmes. Cet homme alors se pencha vers nous, et, d'un air tendre, aux accords d'une flûte dans laquelle un autre Indien soufflait avec le nez, il nous chanta lentement une chanson, scène charmante et digne du pinceau de Boucher. Quatre insulaires vinrent avec confiance souper et coucher à bord. Nous leur fîmes entendre flûte, basse, violon, et nous leur donnâmes un feu d'artifice composé de fusées et de serpenteaux. Ce spectacle leur causa une surprise mêlée d'effroi.

» Le 7 au matin, le chef, dont le nom est Ereti, vint à bord. Il nous apporta un cochon, des poules, et un pistolet qui avait été pris la veille chez lui : cet acte de justice nous en donna une bonne idée. Cependant nous fîmes dans la matinée toutes nos dispositions pour descendre à terre nos malades et nos pièces à eau, et les y laisser en établissant une garde pour leur sûreté. Je descendis l'après-midi avec armes et bagages, et nous commençâmes à dresser le camp sur les bords d'une petite rivière où nous devions faire notre eau. Ereti vit la troupe sous les armes et les préparatifs du campement sans paraître d'abord ni surpris ni mécontent. Toutefois, quelques heures après, il vint à moi accompagné de son père et des principaux du canton, qui lui avaient fait des représentations à cet égard, et me fit entendre que notre séjour à terre leur déplaisait, et que nous étions les maîtres d'y venir le jour tant que nous voudrions, mais qu'il fallait coucher la nuit à bord de nos vaisseaux. J'insistai sur l'établissement du camp, lui faisant comprendre qu'il nous était nécessaire pour faire de l'eau, du bois, et rendre plus faciles les échanges entre les deux nations. Ils tinrent alors un second conseil, à l'issue duquel Ereti vint me demander si nous resterions ici toujours ou si nous comptions repartir, et dans quel temps. Je lui dis que nous remettrions à la voile dans dix-huit jours, en signe duquel nombre je lui donnai dix-huit petites pierres. Sur cela, nouvelle conférence, à laquelle on me

fit appeler. Un homme grave, et qui paraissait
avoir du poids dans le conseil, voulait réduire
à neuf les jours de notre campement : j'insistai,
et enfin ils consentirent.

» De ce moment la joie se rétablit ; Ereti même nous offrit un hangar immense, tout près de
la rivière, sous lequel étaient quelques pirogues
qu'il fit enlever sur-le-champ. Nous dressâmes
dans ce hangar les tentes pour nos scorbutiques,
au nombre de trente-quatre, douze de la *Boudeuse* et vingt-quatre de l'*Etoile,* et quelques
autres nécessaires au service. La garde fut com-
posée de trente soldats, et je fis aussi descendre
des fusils pour armer les travailleurs et les malades. Je restai à terre la première nuit, qu'Ereti
voulut aussi passer dans nos tentes. Il fit apporter son souper, qu'il joignit au nôtre, chassa
la foule qui entourait le camp, et ne retint avec
lui que cinq ou six de ses amis. Après souper, il
demanda des fusées, et elles lui firent au moins
autant de peur que de plaisir.

» La journée suivante se passa à perfection-
ner notre camp. Le hangar était bien fait et
parfaitement couvert d'une espèce de natte.
Nous n'y laissâmes qu'une issue á laquelle
nous mîmes une barrière et un corps de garde.
Ereti, ses femmes et ses amis, avaient seuls la
permission d'entrer : la foule se tenait en dehors
du hangar. Un de nos gens, une baguette à la

main, suffisait pour la faire écarter. C'étaient là que les insulaires apportaient de toutes parts des fruits, des poules, des cochons, du poisson et des pièces de toile qu'ils échangeaient contre des clous, des outils, des perles fausses, des boutons et mille bagatelles qui étaient des trésors pour eux. Au reste, ils examinaient attentivement ce qui pouvait nous plaire : ils virent que nous cueillions des plantes anti-scorbutiques et qu'on s'occupait aussi à chercher des coquilles. Les femmes et les enfants ne tardèrent pas à nous apporter à l'envi des paquets des mêmes plantes.

» Le même jour, je demandai au chef de m'indiquer du bois que je pusse couper. Ereti me marqua des arbres et m'indiqua même de quel côté on devait en faire tomber. Au reste, les insulaires nous aidaient beaucoup dans nos travaux. Nos ouvriers abattaient les arbres et les mettaient en bûches, que les indigènes transportaient aux bateaux. Ils aidaient de même à faire l'eau, emplissant les pièces et les conduisant aux chaloupes. On leur donnait pour salaire des clous, dont le nombre se proportionnait au travail qu'ils avaient fait. La seule gêne qu'on eût, c'est qu'il fallait sans cesse avoir l'œil à tout ce qu'on apportait de terre, à ses poches même ; car il n'y a point en Europe de plus adroits filous que les gens de ce pays.

» Au vol près, tout se passait de la manière la plus amiable. Chaque jour nos gens se promenaient dans le pays sans armes, seuls ou par petites bandes. On les invitait à entrer dans les maisons et on leur donnait à manger.

» Je suis allé, moi second ou troisième, me promener dans l'intérieur. Je me croyais transporté dans le jardin d'Eden. Nous parcourions une plaine de gazon, couverte de beaux arbres fruitiers, et coupée de petites rivières qui entretiennent une fraîcheur délicieuse, sans aucun des inconvénients qu'entraîne l'humidité. Un peuple nombreux y jouit des trésors que la nature verse à pleines mains sur lui. Nous trouvions des troupes d'hommes et de femmes assis à l'ombre des vergers. Tous nous saluaient avec amitié ; ceux que nous rencontrions dans ces chemins se rangeaient de côté pour nous laisser passer : partout nous voyions régner l'hospitalité, le repos, une douce joie et toutes les apparences du bonheur.

» Je fis présent au chef du canton où nous étions d'un couple de dindes et de canards, mâles et femelles : c'était le denier de la veuve : je lui proposai aussi de faire un jardin à notre manière et d'y semer différentes graines, proposition qui fut reçue avec joie. En peu de temps, Ereti fit préparer et entourer de palissades le terrain qu'avaient choisi nos jardiniers. Nous leur avons semé du blé, de l'orge, de l'avoine, du riz, du maïs, des ognons et des graines potagères de toute espèce. Le peuple nous a paru aimer l'agriculture, et on l'accoutumerait facilement à tirer parti du sol le plus fertile de l'univers.

» Les premiers jours de notre arrivée, j'eus la visite du chef du canton voisin, qui vint à bord avec un présent de fruits, de cochons, de poules et d'étoffes. Ce chef, nommé Touaa, est d'une belle figure et d'une taille extraordinaire. Il était accompagné de quelques-uns de ses parents, presque tous hommes de six pieds. Je leur fis présent de clous, d'outils, de perles fausses et d'étoffes de soie. Il fallut lui rendre la visite chez lui ; nous fûmes parfaitement accueillis par l'honnête Touaa, au son d'une musique nombreuse et bruyante. »

Cependant, les travaux continuaient paisiblement, lorsque la turbulence et la brutalité de quelques hommes faillirent compromettre la bonne intelligence qui avait régné jusque-là. Le 10, un insulaire fut tué, et toutes les recherches furent inutiles pour trouver le coupable. Déjà, les naturels, devenus méfiants, se retiraient dans l'intérieur des terres. Ereti lui-même s'était laissé difficilement apaiser par des présents, quand une nouvelle collision répandit l'alarme et la terreur parmi les Taïtiens.

Trois insulaires furent tués dans leurs cases, à coup de baïonnettes. Les vieillards, les femmes et les enfants s'enfuirent dans les bois, avec les cadavres et leurs bagages, en poussant de grands cris. Dans cette extrémité, Bougainville descendit au camp, et, en présence du chef, fit mettre aux fers les soldats soupçonnés de ce guet-apens. Ce procédé parut calmer l'effervescence générale.

Mais un péril plus grand menaçait encore les Français. Un grain violent se prit à chasser les vaisseaux à la côte. La frégate perdit successivement quatre ancres, et un seul grelin la retenait. Heureusement le vent vint à changer, et, après une nuit de transes mortelles, la *Boudeuse* put prendre enfin un meilleur fond à quelque distance de l'*Etoile*, qui était mieux ancrée.

Le jour venu, on trouva le pays complètement désert. Pas un habitant, pas une pirogue, pas de fruits, pas de provisions! Le prince de Nassau s'étant avancé avec quelques hommes pour tenter une réconciliation avec les Taïtiens, trouva un grand nombre d'entre eux, Ereti à leur tête, à une lieue environ du camp. Dès que ce chef eut reconnu monsieur de Nassau, il vint à lui d'un air consterné. Les femmes, éplorées, se jetèrent à ses genoux; elles lui baisaient les mains en pleurant et en répétant d'un ton plaintif:

— Tayo, maté! Amis, vous nous tuez!

A force de caresses et de douces paroles, le prince parvint à les ramener.

« Je vis du bord, dit Bougainville, une foule de peuple accourir au camp. Des poules, des cocos, des bananes étaient portés en triomphe et promettaient la paix. Je descendis aussitôt avec des étoffes de soie et des outils en fer, que je distribuai aux chefs, en leur témoignant ma douleur des meurtres de la veille et leur assurant que les coupables seraient punis. Les bons insulaires me comblèrent de caresses, et, en peu de temps, la foule ordinaire et les filous revinrent à notre camp, qui ressemblait à une foire. »

Dans la crainte d'une bourrasque nouvelle, qui pouvait jeter les vaisseaux à la côte, on travailla jour et nuit à faire de l'eau.

Alors Bougainville enfouit près d'un hangar une prise de possession en règle, et le 15, au matin, il disposa la manœuvre pour sortir de la baie, ce qui ne put s'exécuter sans courir de grands périls et sans l'aide des chaloupes qui remorquèrent les vaisseaux.

Dès l'aube du jour, Ereti, remarquant la manœuvre, sauta dans une pirogue et se rendit à bord. « En y arrivant, continue Bougainville, il nous embrassa tous. Il nous tenait quelques instants entre ses bras, versant des larmes et paraissant très affecté de notre départ. Peu de temps après, sa grande pirogue vint à bord, chargée de rafraîchissements de toute espèce; les femmes étaient dedans, et avec elles ce même insulaire qui, le premier jour de notre attérage, était venu s'établir à bord de l'*Etoile*. Ereti fut le prendre par la main et me le présenta, en me faisant entendre que cet Indien, dont le nom était Aotourou, voulait nous suivre, et me priant d'y consentir. Il le présenta ensuite à tous les officiers, à chacun en particulier, disant que c'était son ami qu'il confiait à ses amis, et il nous le recommanda avec les plus grandes marques d'intérêt. On fit encore à Ereti des présents de toute espèce, après quoi il prit congé de nous et alla rejoindre ses femmes, lesquelles ne cessèrent de pleurer tout le temps que la pirogue fut le long du bord. Il y avait aussi dedans une jeune fille, que l'insulaire qui venait avec nous fut embrasser. Il lui donna trois perles qu'il avait à ses oreilles, et, malgré les larmes de cette jeune épouse, il s'arracha de ses bras et remonta sur la *Boudeuse*. Nous quittâmes ainsi ce bon peuple, et je ne fus pas moins surpris du chagrin que leur causait notre départ, que je l'avais été de leur affectueuse confiance à notre arrivée. »

Bougainville fait suivre l'histoire de sa relâche à O-Taïti ou Taïti, d'un essai sur les mœurs et le caractère de ce peuple.

D'abord il peint à grands traits cette île et ses productions :

« La hauteur des montagnes qui occupent tout l'intérieur de Taïti, dit-il, est surprenante, eu égard à l'étendue de l'île. Loin d'en rendre l'aspect triste et sauvage, elles servent à l'embellir, en variant à chaque pas les points de vue, et présentant de riches paysages couverts des productions de la nature, avec ce désordre dont l'art ne sut jamais imiter l'agrément. De là sortent une infinité de petites rivières qui fertilisent le pays et ne servent pas moins à la commodité des habitants qu'à l'ornement des campagnes. Tout le plat pays, depuis le bord de la mer jusqu'aux montagnes, est consacré aux arbres fruitiers, sous lesquels, comme je l'ai dit, sont bâties les cases des Taïtiens, disposées sans aucun ordre et sans former jamais de villages. On croit être dans les Champs-Elysées. Des sentiers publics, pratiqués avec intelligence et soigneusement entretenus, rendent partout les communications faciles.

» Les principales productions de l'île sont le coco, la banane, le fruit à pain, l'igname, le curassol, le giraumon, beaucoup de cannes à sucre, etc..... Aotourou, pendant qu'il a été avec nous, a reconnu et nommé plusieurs de nos fruits et de nos légumes, ainsi qu'un assez grand nombre de plantes que les curieux cultivent

dans des serres chaudes. Le bois propre à tra-
vailler croît dans les montagnes, et les insulaires en font peu d'usage ; ils ne l'emploient que
pour leurs grandes pirogues, qu'ils construisent
de bois de cèdre. Nous leur avons vu des piques
d'un bois noir, dur et pesant, qui ressemble au
bois de fer. Ils se servent, pour bâtir leurs pirogues ordinaires, de l'arbre qui porte le fruit à
pain. C'est un bois qui ne se fend point : mais
il est si mou et si plein de gomme, qu'il ne fait
que se mâcher sous l'outil.

» Les Taïtiens n'ont pas de mines ; il est du
moins certain que ces insulaires ne connaissent pas les métaux. Je ne connais chez eux
qu'un seul article de commerce riche ; ce sont
de très belles perles. Les principaux chefs en
font porter de très belles aux oreilles de leurs
femmes et à leurs enfants : mais ils les ont te-
nues cachées pendant notre séjour chez eux.
Ils font avec les écailles de ces huîtres perliè-
res des espèces de castagnettes qui sont un de
leurs instruments de danse.

» Nous n'avons vu d'autres quadrupèdes que
des cochons, des chiens d'une espèce petite,
mais jolie, et des rats en grande quantité. Les
habitants ont des poules domestiques absolument semblables aux nôtres. Nous avons vu
aussi des tourterelles vertes charmantes, de gros
pigeons d'un beau plumage bleu de roi et d'un

très bon goût, et des perruches fort petites, mais fort singulières par le mélange de bleu et de rouge qui colorie leurs plumes.

» Les végétaux et le poisson forment leur principale nourriture; ils mangent rarement de la viande; les enfants et les jeunes filles n'en mangent jamais, et ce régime contribue beaucoup sans doute à les tenir exempts de presque toutes nos maladies. J'en dirais autant de leur boisson; ils ne connaissent autre chose que l'eau. L'odeur seule du vin et de l'eau-de-vie leur donnait de la répugnance, aussi bien que le tabac, les épiceries, etc.

» Le peuple de Taïti est composé de deux races d'hommes très différentes, qui cependant ont la même langue, les mêmes mœurs et qui semblent se mêler ensemble sans distinction.

» La première, et c'est la plus nombreuse, produit des hommes de la plus belle taille; la seconde est d'une stature médiocre, a les cheveux crépus et durs comme du crin; sa couleur et ses traits diffèrent peu de ceux des mulâtres.

» Le Taïtien Aotourou, qui s'est embarqué avec nous, est de cette seconde race, quoique son père soit chef d'un canton; mais il possède en intelligence ce qui lui manque du côté de la beauté.

» Les uns et les autres se laissent croître la

partie inférieure de la barbe ; mais ils ont tous les moustaches et le haut des joues rasés. Ils laissent aussi toute leur longueur aux ongles, excepté à celui du doigt du milieu de la main droite. Quelques-uns se coupent les cheveux très court ; d'autres les laissent croître et les portent attachés sur le sommet de la tête. Tous ont l'habitude de se les oindre, ainsi que la barbe, avec de l'huile de coco. Je n'ai rencontré qu'un seul homme estropié et qui paraissait l'avoir été par une chute. On a vu sur quelques-uns les traces de la petite vérole.

» On voit les principaux Taïtiens s'envelopper dans une grande pièce d'étoffe qu'ils laissent tomber jusqu'aux genoux. C'est aussi le seul habillement des femmes, et elles savent l'arranger avec assez d'art. Comme les Taïtiennes ne vont jamais au soleil sans être couvertes, et qu'un petit chapeau de cannes, garni de fleurs, défend leur visage de ses rayons, elles sont beaucoup plus blanches que les hommes. Elles ont les traits assez délicats. La plus grande propreté est en outre leur apanage.

» Le caractère de la nation nous a paru être doux et bienfaisant. Il ne semble pas qu'il y ait dans l'île aucune guerre civile, aucune haine particulière, quoique le pays soit divisé en petits cantons qui ont chacun leur chef indépendant. Il est probable que les Taïtiens pratiquent entre eux une bonne foi dont ils ne se doutent pas. Qu'ils soient chez eux ou non, jour ou nuit, les maisons sont ouvertes. Chacun cueille les fruits sur le premier arbre qu'il rencontre, en prend dans la maison où il entre. Il paraîtrait que pour les choses absolument nécessaires à la vie, il n'y a point de propriété, et que tout est à tous. Avec nous, ils étaient filous habiles, mais d'une timidité qui les faisait fuir à la moindre menace. Au reste, les chefs n'approuvaient point ces vols, et ils nous pressaient de tuer ceux qui les commettaient. Ereti, toutefois, n'usait pas de la sévérité qu'il nous recommandait. Lui dénoncions-nous quelque voleur, il le poursuivait lui-même à toutes jambes ; l'homme fuyait, et s'il était joint, ce qui arrivait ordinairement, car Ereti était infatigable à la course, quelques coups de bâton et une restitution forcée étaient le seul châtiment du coupable.

» Ils sont presque toujours en guerre avec les habitants des îles voisines. Nous avons vu les grandes pirogues qui leur servent pour les descentes et même pour des combats de mer. Ils ont pour armes l'arc, la fronde et une espèce de pique d'un bois fort dur. La guerre se fait chez eux d'une manière cruelle. Suivant ce que nous avons appris d'Aotourou, ils tuent les hommes et les enfants mâles pris dans les combats ; ils leur lèvent la peau du menton avec la barbe, qu'ils portent comme un trophée de victoire. Ils conservent seulement les femmes et les filles, qu'ils épousent quelquefois. Aotourou lui-même était le fils d'un chef taïtien et d'une captive de l'île Oopoa. J'attribue à ce mélange la différence que nous avons remarquée dans l'espèce des hommes.

» Il est fort difficile de donner des éclaircissements sur leur religion. Nous avons vu chez eux des statues de bois que nous avons prises pour des idoles ; mais quel culte leur rendaient-ils ? La seule cérémonie religieuse dont nous ayons été témoins regarde les morts. Ils en conservent longtemps les cadavres étendus sur une sorte d'échafaud que couvre un hangar. L'infection qu'ils répandent n'empêche pas les femmes d'aller pleurer auprès du corps une partie du jour, et d'oindre d'huile de coco les froides reliques de leur affection. Celles dont nous étions connus nous ont laissé quelquefois approcher de ce lieu consacré aux morts.

» — *Emoé. Il dort !* nous disaient-elles.

» Lorsqu'il ne reste plus que des squelettes, on les transporte dans la maison, et j'ignore combien de temps on les y conserve. Je sais seulement, parce que je l'ai vu, qu'alors un homme considéré dans la nation vient y exercer son ministère sacré, et que dans ces lugubres cérémonies il porte des ornements assez recherchés.

» Nous avons fait sur sa religion beaucoup de questions à Aotourou, et nous avons cru comprendre qu'en général ses compatriotes sont fort superstitieux ; que chez eux les prêtres ont la plus redoutable autorité ; que, indépendamment d'un être supérieur, nommé *Eri-t-Era*, le *roi du soleil* ou *de lumière*, être qu'ils ne représentent par aucune image matérielle, ils admettent plusieurs divinités, les unes bienfaisantes, les autres malfaisantes ; que le nom de ces divinités ou génies est *Eatoua;* qu'ils attachent à chaque action importante de la vie un bon génie et un mauvais, lesquels y président et décident du succès ou du malheur. Ce que nous avons appris avec certitude, c'est que, quand la lune présente un certain aspect, qu'ils nomment *Malama Tumaï, lune en état de guerre,* aspect qui ne nous a pas montré de caractère distinctif qui puisse nous servir à le définir, ils sacrifient des victimes humaines.

» De tous les usages, un de ceux qui me surprend le plus, c'est l'habitude qu'ils ont de saluer ceux qui éternuent.

» — *Evaroua-t-Eatoua.. que le bon Eatoua te réveille,* ou bien *que le mauvais Eatoua ne t'endorme pas* ! disent-ils alors.

» Voilà des traces d'une origine commune avec les nations de l'ancien continent.

» Ce n'est pas l'usage à Taïti que les hommes, uniquement occupés de la pêche et de la guerre, laissent au sexe le plus faible les travaux pénibles du ménage et de la culture. Là, une douce oisiveté est le partage des femmes. Je ne saurais assurer si le mariage est un engagement civil ou consacré par la religion. Quoi qu'il en soit, les femmes doivent à leurs maris une soumission entière.

» Les Taïtiens dansent au son d'une espèce de tambour, et lorsqu'ils chantent, ils accompagnent la voix avec une flûte très douce à trois ou quatre trous, dans laquelle, comme nous l'avons dit, ils soufflent avec le nez.

» Je n'accuserai pas les Indiens de Taïti de manquer d'intelligence. Leur adresse et leur industrie dans le peu d'ouvrages nécessaires dont ne sauraient les dispenser l'abondance du pays et la beauté du climat, démentiraient ce témoignage. On est étonné de l'art avec lequel sont faits leurs instruments pour la pêche. Leurs hameçons sont de nacre, aussi délicatement travaillés que s'ils avaient le secours de nos outils. Leurs filets sont absolument semblables aux nôtres et tissus avec du fil de pite, — sorte d'aloës à soie. — Nous avons admiré la charpente de leurs vastes cases et la disposition des feuilles de latanier qui en font la couverture.

» Ils ont deux espèces de pirogues : les unes, petites et peu travaillées, sont faites d'un seul tronc d'arbre creusé ; les autres, beaucoup plus grandes, sont travaillées avec art. Ils mettent un balancier sur un des côtés.

» Leur industrie paraît davantage dans le moyen dont ils usent pour rendre ces bâtiments propres à les transporter aux îles voisines, avec lesquelles ils communiquent, sans avoir dans cette navigation d'autres guides que les étoiles. Ils lient ensemble deux pirogues, côte à côte, à quatre pieds environ de distance, par le moyen de quelques traverses fortement amarrées sur les deux bords. Par-dessus l'arrière de ces deux bâtiments ainsi joints, ils posent un pavillon d'une charpente très légère, couvert par un toit de roseaux. Cette chambre les met à l'abri de la pluie et du soleil, et leur fournit en même temps un lieu propre à tenir leurs provisions sèches. Ces doubles pirogues sont capables de contenir un grand nombre de personnes, et ne risquent jamais de chavirer. Les voiles sont composées de nattes étendues sur un carré de roseaux, dont un des angles est arrondi.

» Les Taïtiens n'ont d'autre outil pour tous ces ouvrages qu'une herminette, dont le tran-

chant est fait avec une pierre noire très dure.
Elle est absolument de la même forme que celle
de nos charpentiers, et ils s'en servent avec
beaucoup d'adresse. Ils emploient, pour per-
cer les bois, des morceaux de coquilles fort
aiguës.

» La fabrique des étoffes singulières qui composent leurs vêtements n'est pas le moindre de
leurs arts. Elles sont tissues avec l'écorce d'un
arbuste que tous les habitants cultivent autour
de leurs maisons. Un morceau de bois dur,
équarri et rayé sur les quatre faces par des
traits de différentes grosseurs, leur sert à battre cette écorce sur une planche très unie. Ils
y jettent un peu d'eau en la battant, et ils par-
viennent ainsi à former une étoffe très égale et
très fine, de la nature du papier, mais beaucoup plus souple et moins sujette à être dé-
chirée. Ils lui donnent une grande largeur. Ils
en ont plusieurs sortes, plus ou moins épaisses,
mais toutes fabriquées avec la même matière.
J'ignore la méthode dont ils se servent pour les
teindre.

» On a vu combien la relâche de Taïti avait
été mélangée de bien et de mal. Le 16 avril 1768,
à huit heures du matin, nous étions environ à
dix lieues dans le nord-est de la pointe septentrionale. Nous aperçûmes une terre dont les
sommités, de loin, paraissaient former trois îles.

» Deux jours après, le soir, par un beau ciel sans image et brillant d'étoiles, Aotourou, après avoir longtemps considéré les astres, nous fit remarquer l'étoile brillante qui est dans l'épaule d'Orion, disant que c'était sur elle que nous devions diriger notre course, et que dans deux jours nous trouverions une terre fertile qu'il connaissait et où il avait des amis. Comme je ne faisais pas changer la route du vaisseau, il me répéta plusieurs fois qu'on y trouvait des cocos, des poules, des cochons, etc. Outré de voir que ces raisons ne me déterminaient pas, il courut saisir la roue du gouvernail dont il avait déjà remarqué l'usage, et, malgré le timonier, il tâchait de le manœuvrer. On eut de la peine à le tranquilliser, et ce refus lui donna beaucoup de chagrin. Le lendemain, dès la pointe du jour, il monta en haut des mâts et y passa la matinée, regardant toujours du côté de cette terre où il voulait nous conduire, comme s'il eût eu l'espérance de l'apercevoir. »

Le nom d'îles de Taïti est resté aux diverses îles vues par Bougainville, en quittant la terre de O-Taïti, quoique Cook les ait nommées ensuite îles de la Société.

Le 3 mai, on découvrit trois îles, une grande et deux petites, séparées par des canaux étroits.

« A midi, je faisais route, dit Bougainville, pour passer entre ces îles, lorsque la vue d'une pirogue, qui venait à nous, me fit mettre en panne pour l'attendre. Elle s'approcha à une portée de pistolet du vaisseau, sans vouloir l'accoster, malgré tous les signes d'amitié dont nous pouvions nous aviser vis-à-vis des cinq hommes qui la conduisaient. Ils étaient à peu près nus. Notre Taïtien leur parla, mais ils ne l'entendirent pas. Ce n'était plus la même nation.

» Le 22, nous aperçûmes deux îles. La plus méridionale, qui paraissait avoir douze lieues de longueur, reçut le nom du jour, île de la Pentecôte. La seconde fut appelée île Aurore.

» Le 23, nous vîmes des insulaires de deux couleurs, noirs et mulâtres. Leurs lèvres sont épaisses, leurs cheveux cotonneux, quelques-uns même ont la laine jaune. Ils sont petits, vilains, mal faits, et la plupart rongés de lèpre, circonstance qui nous a fait nommer leur île île des Lépreux. Il parut peu de femmes, et elles n'étaient pas moins dégoûtantes que les hommes. Elles avaient des écharpes pour porter leurs enfants sur leur dos. Nous avons vu quelques-uns des tissus qui les composent, sur lesquels étaient de fort jolis dessins faits avec une belle teinture cramoisie. J'ai remarqué qu'aucun des hommes n'avait de barbe. Ils se percent les narines pour y pendre quelques ornements ; ils portent au bras, en forme de bracelets, une dent de babiroussa, ou un grand anneau d'une matière que je crois de l'ivoire, et au cou des plaques d'écailles de tortue qu'ils nous ont fait entendre être communes sur leur rivage.

» Leurs armes sont l'arc et la flèche, des massues de bois de fer, et des pierres qu'ils lancent sans fronde. Leurs flèches sont des roseaux armés d'une longue pointe d'os très aiguë. Ils ont encore des sabres de bois de fer.

» Je nommai ces terres que nous venions de découvrir archipel des Grandes-Cyclades.

» Depuis le 29 mai, nous cessâmes de voir la terre. Je fis route à l'ouest.

» Nous vîmes la terre le 10 juin, au lever du soleil. Cette terre présentait un gros cap, que nous atteignîmes le 26. Nous l'appelâmes cap de la Délivrance, et le golfe dont il fait la pointe orientale, le *Golfe de la Louisiade*. Longtemps avant le lever de l'aurore, une odeur délicieuse nous avait annoncé le voisinage de cette terre qui formait un grand golfe ouvert au sud-est. J'ai vu peu de pays dont le coup d'œil fût plus beau. Un terrain bas, partagé en plaines et en bosquets, régnait sur le bord de la mer et s'élevait ensuite en amphithéâtre jusqu'aux montagnes dont la cime se perdait dans les nues. On en distinguait trois étages, et la chaîne la plus élevée était à plus de vingt-cinq lieues dans l'intérieur du pays. » Les souffrances de l'équipage et la diminution progressive des provisions ne permirent pas aux Français de visiter celte terre magnifique, qu'ils nommèrent *Louisiade*.

» C'est une terre que nous avons bien acquis le droit de nommer.

» Nous nous étions élevés environ soixante lieues dans le nord depuis l'île de la Louisiade, lorsque le 28, au matin, on découvrit terre à neuf ou dix lieues de distance. C'étaient deux îles dont la plus méridionale restait, à huit heures, dans le nord-ouest. Une autre côte, longue et élevée, se fit apercevoir en même temps, depuis l'est-sud-est, jusqu'à l'est-nord-est. Vers les dix heures, une douzaine de pirogues de toutes les grandeurs vinrent assez près des navires sans vouloir les accoster. Il y avait vingt-deux hommes dans la plus grande, dans les moyennes huit ou dix, deux ou trois dans les plus petites. Ces pirogues paraissaient fort bien faites. Elles ont l'avant et l'arrière fort relevés : ce sont les premières que nous ayons vues dans ces mers sans balancier. Ces insulaires sont aussi noirs que les nègres d'Afrique. Ils ont les cheveux crépus, mais longs, quelques-uns de couleur rousse. Ils portent des bracelets et des plaques au cou et sur le front ; j'ignore de quelle matière, elle m'a paru blanche. Ils sont armés d'arcs et de zagaies. Ils faisaient de grands cris, et il parut que leurs dispositions n'étaient pas pacifiques. La côte ouverte est presque inabordable. La vague y brise partout ; les montagnes viennent s'y terminer au bord de la mer, et le sol est entièrement couvert de bois. Dans de petites anses, il y a quelques cabanes, mais en petit nombre. »

Ces îles étaient Simbou et Satisfaction, de l'archipel Salomon.

Un peu plus loin, s'étant engagé dans le détroit qui sépare l'île de Choiseul d'une autre île qui reçut le nom de Bougainville, en l'honneur du commandant, les navires y coururent de grands périls, à cause des récifs et des courants irréguliers. Quelques canots furent envoyés dans une belle et large baie située sur la pointe ouest de l'île Choiseul. Les opérations du sondage étaient commencées, quand on vit sortir tout-à-coup d'une anse inaperçue jusque-là une quantité de pirogues montées par cent cinquante hommes armés d'arcs, de lances et de boucliers. Cette flottille s'avança en bon ordre ; puis, se séparant en deux troupes, elle fondit sur les canots des Français de toute la puissance de ses pagaies. Un cri affreux des sauvages fut le signal de l'attaque, qui devait leur paraître un jeu contre une poignée d'hommes. Les canots français ripostèrent par une décharge qui n'intimida point les assaillants : ils recommencèrent à décocher leurs flèches et leurs zagaies, et il fallut une seconde décharge pour les mettre en fuite. Deux pirogues, longues, bien travaillées, très relevées de l'avant et de l'arrière, restèrent au pouvoir des Français. Sur la proue de l'une d'elles était sculptée une tête humaine, avec des yeux de nacre, des oreilles en écaille, une longue barbe et des lèvres peintes en rouge. On trouva dans les pirogues des lances, des boucliers, des cocos, des noix d'areck, divers petites ustensiles, des filets à mailles très fines et très bien tissues, et une mâchoire d'homme à demi grillée. Ces sauvages étaient noirs, avec des cheveux crépus, teints en blanc, en rouge et en jaune. Ils n'avaient pour tout vêtement qu'une ceinture autour des reins. Leurs boucliers, de forme ovale, étaient en jonc entrelacé, tissu solide et impénétrable aux flèches.

La *Boudeuse* et l'*Etoile* prolongèrent en entier la côte orientale de l'île Bougainville, dont la chaîne centrale est d'une hauteur prodigieuse.

Le 4 juillet, on doubla la pointe nord de l'île Bouka.

Cette île parut populeuse et bien cultivée. Une belle plaine, plantée de cocotiers, présentait un paysage ravissant. Près de la plage allaient et venaient nombre de pirogues, dont quelques-unes se décidèrent à aborder la *Boudeuse*, en criant : Bouka ! Bouka ! et en mon-

trant des noix de cocos. Alors les sauvages s'é-
loignèrent, en faisant signe qu'ils allaient en
chercher à terre. Néanmoins, pour adieu, ils
lancèrent une flèche contre le bord. Ces naturels étaient aussi des nègres aux cheveux crépus, avec des oreilles percées et très allongées,
et des dents rougies par le bétel. Leurs armes
étaient des arcs longs de six pieds et des flèches
d'un bois très dur. Leurs pirogues n'étaient pas
aussi relevées que celles que nous avions vues
à l'île Choiseul.

Le 6 juillet, une grande terre se montra à dix
lieues d'horizon. Bougainville crut que c'était la
Nouvelle-Irlande. Il ne connaissait pas encore la
découverte récente alors du canal Saint-Georges
qui sépare ces deux terres. On mouilla dans
une baie splendide où viennent se décharger quatre petites rivières. Le bois y était abondant, mais
le pays était inhabité. On n'y trouva que deux
cabanes désertes, une pirogue abandonnée, des
débris de feux et de coquillages, et des osse-
ments d'animaux. Toutefois, un morceau de pla-
que de plomb, que l'on avisa sur le sable, fit
supposer que des navires anglais, le *Dolphin* ou
le *Swalow* avaient relâché dans le mouillage.
Des arbres sciés ou abattus confirmèrent dans
cette supposition. En effet, le navigateur anglais
Carteret s'était arrêté dans cette anse, il y avait
onze mois. Une autre trouvaille fut celle de ser-

pents et d'insectes fort extraordinaires. « Un matelot, en pêchant, fut piqué par l'un de ces serpents. Une heure après, il ressentit de violentes douleurs dans tout le corps. La morsure devint livide et enfla à vue d'œil. Le pauvre matelot fut saisi d'affreuses convulsions. Enfin, après six ou sept heures de souffrances, la thériaque et l'eau de Luce eurent raison du serpent. Des sueurs abondantes le sauvèrent. Aotourou suivit curieusement le malade pendant le traitement. Il nous fit entendre que dans son île il y avait des serpents de mer dont la morsure était toujours mortelle. Aussi fut-il émerveillé quand il vit le matelot revenir au travail quatre ou cinq jours après son accident. »

Cependant le mauvais temps survint. On dut rester au Port-Praslin jusqu'au 25. Mais les Français firent des excursions à terre. Une cascade magnifique excita surtout leur admiration. Elle était alimentée par l'un des grands ruisseaux de la baie et se divisait en cent nappes inégales fortement colorées par de grands arbres dont le pied se baignait dans les eaux écumantes. Mais, comme les provisions s'épuisaient et que le temps pressait, Bougainville dut enfin s'éloigner de cette côte. Il doubla donc le cap Saint-George et prolongea la bande orientale de la Nouvelle-Irlande.

Le 29, les navires eurent la visite de quelques pirogues montées chacune par cinq ou six naturels noirs, crépus, grands, agiles et robustes. Ils invitaient les Français à se rendre à terre, mais ils ne voulurent pas monter à bord. On leur donna quelques morceaux d'étoffes. Quand ils les eurent reçus, ils s'éloignèrent en faisant grand bruit, et, en guise d'actions de grâces, l'un de ces insulaires lança une pierre avec sa fronde contre les gens du bord. Le jour suivant, revenus sans gêne, ils accostèrent volontiers. Leur chef, à l'aide d'un bâton dont il gesticulait, leur donnait ses ordres. Ils étaient en grande toilette, ce jour-là : cheveux couverts de poudre rouge, aigrettes de plumes fichées dans la laine de leur tête, plaques suspendues au cou, pendants aux oreilles et au nez, bracelets aux jambes, etc. On essaya inutilement de faire des échanges avec eux : ils acceptaient, mais ne donnaient rien. Enfin, une autre fois, ils tentèrent en très grand nombre d'attaquer l'*Etoile* : le canon en fit promptement justice.

Le 12 août, on était en vue de la Nouvelle-Guinée, sur un point remarquable par deux pics très élevés, dont l'un reçut le nom de Bougainville, tandis que l'autre fut appelé Cyclope.

Ensuite, le 1ᵉʳ septembre, les navigateurs eurent connaissance de l'île Bourou, établissement hollandais, voisin d'Amboine et de Céram.

Bougainville résolut d'y prendre des provisions.

L'équipage de la frégate et de la flûte, épuisé par le scorbut et les longueurs d'une navigation fatigante, salua de grand cœur l'aspect riant de la rade de Caïeli. Dès le milieu de la nuit, une odeur aromatique, qui s'exhalait de la côte, avait préparé les pauvres navires au bonheur qui les attendait, et la vue de nombreux navires qui stationnaient au fond du golfe et surtout des troupeaux errants dans ces prairies, leur fit bientôt oublier tous leurs travaux.

Après une relâche de quelques jours et l'achat de provisions fraîches, Bougainville partit de Bourou le 7 septembre, toucha aux Moluques et entra dans la rade de Batavia le 28 du même mois. Il y laissa l'*Etoile*, qui avait besoin d'être radoubée, et en partit le 12 décembre.

Le 8 janvier 1769, Bougainville relâcha encore au cap de Bonne-Espérance, et enfin, le 16 mars, il ramena sa frégate la *Boudeuse* à Saint-Malo, n'ayant perdu que sept hommes pendant l'espace de deux ans et quatre mois d'absence.

A son retour, il publia la relation de son voyage, et peignit, comme vous venez de le voir, lecteur, les beautés charmantes de l'île de Taïti, relation et peinture qui eurent un succès prodigieux, non-seulement en France, mais dans toute l'Europe,

Aussi, les Anglais, ces éternels jaloux de nos découvertes et de nos gloires, s'empressèrent de courir à Taïti, qu'ils nomment *Otahitœ*. Nous y verrons bientôt le capitaine Cook observer le passage de Vénus sur le soleil, en 1769. Leur séjour dans cette île fut de trois mois. Et comme il faut toujours qu'ils attaquent le caractère noble et sincère des Français, les Anglais ont prétendu que Bougainville n'avait pu aborder l'île de Taïti que sous le pavillon espagnol.

Certes! la France n'avait nul besoin de cacher son glorieux drapeau. Il fait toujours triomphalement le tour du monde, et partout on le salue avec enthousiasme.

Il y a doute que les Anglais puissent en dire autant.

A cette heure, les Anglais ont possédé, ou à peu près, Taïti. Ils ont énormément changé la physionomie morale du pays, sous l'influence protestante.

Heureusement les Français y ont repris pied à leur tour, et on peut se flatter que les insulaires se flattent davantage de la présence de ceux-ci. Le catholicisme a rendu à cette terre d'Eden sa charmante et suave poésie, un moment enveloppée du crêpe funèbre des quakers et des méthodistes.

Dans sa magnifique relation de son voyage à Taïti, Bougainville dit en parlant du jeune

Taïtien Aotourou, qu'il avait consenti à emmener avec lui en France :

« Je n'ai épargné ni l'argent ni les soins, pour rendre à mon Indien son séjour à Paris agréable et utile. Il y est resté onze mois, pendant lesquels il n'a témoigné aucun ennui.

» Quoiqu'il estropiât à peine quelques mots de notre langue, tous les jours il sortait seul, il parcourait la ville, et jamais il ne s'est égaré; souvent il faisait des emplettes, et presque jamais il n'a payé ces choses au-dessus de leur valeur. Le seul de nos spectacles qui lui plût était l'Opéra, car il aimait passionnément la danse. Il connaissait parfaitement les jours de spectacle ; il y allait seul, payait à la porte comme tout le monde, et sa place favorite était dans les corridors.

» Parmi le grand nombre de personnes qui ont désiré voir le jeune sauvage, il a toujours remarqué celles qui lui ont fait du bien, et son cœur reconnaissant ne les oubliait pas. Il était particulièrement attaché à madame la duchesse de Choiseul, qui l'a comblé de bienfaits, et surtout de marques d'intérêt et d'amitié auxquelles il était infiniment plus sensible qu'aux présents. Aussi allait-il de lui-même voir cette généreuse bienfaitrice toutes les fois qu'il savait qu'elle était à Paris.

» Il en est parti au mois de mars 1770, et il est

allé s'embarquer à la Rochelle, pour l'île de France. Il a été confié, pendant cette traversée, aux soins d'un négociant armateur. Le ministre avait ordonné au gouverneur et à l'intendant de l'île de France de renvoyer de là Aotourou dans son île. J'ai donné un mémoire fort détaillé sur la route à prendre pour s'y rendre, et trente-six mille francs, — c'est le tiers de mon bien, — pour armer le navire destiné à cette navigation. Madame la duchesse de Choiseul a porté l'humanité jusqu'à consacrer une somme d'argent pour porter à Taïti un grand nombre d'outils de première nécessité, des graines et des bestiaux..... »

SURVILLE. — VOYAGE EN OCÉANIE.

(1769—1770.)

Jean-François-Marie de Surville, né à Port-Louis, en Bretagne, vers 1717, se distingua bientôt dans la marine militaire et devint promptement officier.

Chargé par la compagnie des Indes d'aller rétablir la ville de Pondichéry, dont il fut nommé gouverneur en survivance, il trouva Law de Lauriston, gouverneur de la ville, et chevalier, gouverneur de Chandernagor, méditant une entreprise passablement hardie, dont le but était d'aller prendre possession d'une île de la mer du Sud, découverte et signalée depuis peu par un navigateur anglais, mais dont on donnait assez vaguement la position. Comme on vantait l'opulence de cette île, l'imagination de Surville, surexcitée par le tableau qu'on lui faisait de la nouvelle découverte, le fit se mettre en avant pour une expédition très aventureuse, devant les hasards de laquelle son audace native ne recula pas.

C'était le moment où les navigateurs de toute l'Europe s'élançaient sur toutes les mers du globe, avec le désir de découvrir quelque terre nouvelle et d'apporter à la science géographique un contingent quelconque de lumières. C'était aussi le moment où le capitaine Cook accomplissait sa première exploration dans les parages de la Nouvelle-Zélande.

Le *Saint-Jean-Baptiste*, navire de la compagnie des Indes, pourvu d'un nombreux équipage et monté par vingt-quatre soldats d'infanterie, fut mis à la disposition de Surville.

Iles Bashi. — Archipel Salomon. — Nouvelle-Zélande. — Aventures. — Mort de Surville.

Le 2 juin 1769, le *Saint-Jean-Baptiste* quittait le port de Pondichéry, et faisait voile dans la direction des îles Philippines.

Les premières îles que rencontra Surville furent les îles Bashi, nom qui leur vient de la liqueur de la canne à sucre, délices des naturels.

Les sauvages des îles Bashi ont des usages dignes de l'âge d'or. A tout navigateur qui descend sur leurs plages, ils offrent des terres et les instruments nécessaires pour les cultiver. Séduits par un pareil accueil, des matelots de Surville, sans souci des règles de la discipline, ne craignirent pas de déserter la veille du départ. Irascible et violent, le capitaine français s'empressa de descendre à terre, et pour trois matelots qui lui manquèrent, s'empara des six premiers insulaires qu'il trouva sur le rivage, les conduisit à son bord et leur fit comprendre que s'ils voulaient ne pas être arrachés à leur pays, ils devaient lui ramener ses déserteurs. Les braves naturels exprimèrent alors, par leurs gestes, qu'afin de pouvoir ramener les fugitifs, il fallait d'abord qu'ils fussent libres. On les remit dans leurs pirogues, et sans retard ils nagèrent à la côte et se mirent aussitôt en quête. C'étaient des hommes d'honneur, ces sauvages, car peu après on les vit revenir, poussant des cris de joie et montrant qu'ils ramenaient les victimes demandées. En effet, ils déposèrent sur le pont trois énormes colis ligaturés solidement et enveloppés en tout sens de feuilles de bananier. En même temps, leur chef pressait ses mains sur le front, sur les joues, sur les épaules de Surville, et paraissait lui dire :

— Tu vois comme j'ai bien compris et bien exécuté tes ordres !

Cependant on coupait les liens des prisonniers. Mais, hélas! au lieu des trois matelots, il sortit de l'amas de feuilles trois énormes cochons.....

Furieux, Surville se jeta sur les sauvages. Ceux-ci, effrayés de l'expression de sa physionomie, s'élancèrent dans la mer, se glissèrent dans leurs pirogues, et s'enfuirent. Malheureusement Surville avait réussi à en retenir trois qui payèrent pour les matelots, car incontinent le capitaine mit à la voile et s'éloigna des îles Bashi. Les misérables naturels se lamentèrent vainement, en jetant de longs regards sur leur patrie, qu'ils ne devaient jamais revoir. Enfin leurs larmes cessèrent de jaillir, et bientôt, souriant aux officiers du bord, ils se mirent à la manœuvre et se conduisirent de telle sorte que l'équipage les prit en très grande affection.

Toutefois, deux d'entre eux moururent du scorbut. Le troisième devint le valet d'un officier.

Peu de jours après, le 5 octobre, le *Saint-Jean-Baptiste* entrait dans l'archipel des îles Salomon, sans que son commandant le sût. D'abord il eut connaissance de l'île Antony-Java, découverte par Tasman. Ensuite, il eut en vue une île assez vaste, couverte d'arbres à fruits, mais qui parut tout-à-fait inhabitée. Surville la nomma île de la Première Vue. Déjà, quelques années auparavant, Bougainville avait reconnu la partie septentrionale de cet archipel, que Mendana avait parcouru jadis.

L'île Isabel offrit un mouillage à Surville, qui nomma ce port Port Praslin.

Le navire reposait à peine sur ses ancres, qu'on vit arriver des pirogues de tous les points de la côte. Les naturels qui se présentèrent avaient la peau noire, sauf quelques-uns, qui étaient cuivrés. Leurs cheveux étaient crépus et serrés, quelquefois ébouriffés à la manière des Papous. On voyait un air de défiance sur leur visage, où l'on remarquait surtout des dents affreusement rougies par l'usage du bétel. Ils étaient tous à peu près nus, mais sans tatouage. Leur unique vêtement était le *maro*, sorte de de pagne qui entoure les reins. Les femmes, à peu près dans le même état, au lieu du maro, s'entouraient, surtout par derrière, de tant d'herbes sèches, qu'elles semblaient pourvues de crinolines monstrueuses.

Ils avaient pour armes des arcs, des flèches, des lances en bois et le terrible casse-tête.

On voyait aux mains de quelques-uns des instruments de musique. C'étaient des flûtes en bambous et des chalumeaux.

Ils venaient tous de plusieurs îles, huit ou

dix, sans compter quelques îlots, qui composent l'archipel. La structure de ces îles était à peu près la même; c'est une longue chaîne de montagnes, souvent élevées, laquelle chaîne forme le centre, en courant dans la direction générale du groupe. De beaux versants viennent, par un plan peu incliné, s'étendre jusqu'au rivage, qui généralement se présente bas et paraît garni de palétuviers dont le pied est baigné par l'eau salée. Une végétation active et vigoureuse en couvre la totalité. Ce n'est que par intervalles que le sol se montre couvert de fougères, souvent incendiées par les naturels. Les principales îles ont de belles plages surmontées au loin de hauts sommets, d'où descendent de superbes rivières qui fertilisent la contrée.

Cet archipel des îles Salomon fut découvert, avons-nous dit, par l'Espagnol Alvaro de Mendana, qui leur imposa ce nom à cause de l'idée qu'il s'était faite de leur extrême opulence.

Les naturels des îles Salomon ne consentirent pas à monter à bord, malgré les plus pressantes invitations. Toutefois ils ne refusèrent pas les présents que leur fit Surville. Le soir venu, ils retournèrent à terre, et on les vit se grouper autour de grands feux, pour y passer la nuit.

Mais ils ne dormirent pas, car on les entendit toute la nuit rire, causer, et essayer de contrefaire les ordres et les cris de la manœuvre qu'ils avaient entendus sur le navire, ainsi que les coups de sifflet du maître d'équipage.

Le lendemain, dès le point du jour, une quinzaine de leurs pirogues vinrent se placer à la hanche du *Saint-Jean-Baptiste,* que l'on remarquait dans le port. Un de leurs canots comptait bien de cinquante à soixante pieds de long sur quatre de large. Ils portent un grand nombre de Salomoniens. Ainsi qu'ils avaient fait pendant la nuit, ils se mirent à contrefaire les commandements des officiers du bord. Mais alors le tambour s'étant avisé de battre sa caisse avec accompagnement de fifre, ils se recueillirent aussitôt pour écouter dans une muette extase. Quand les instruments cessèrent, on les vit faire pirouetter leurs pirogues, dans une véritable exaltation de joie, en même temps qu'ils battaient les flots en cadence de leurs pagaies. Enfin gagné par la musique, l'un des sauvages osa monter sur le vaisseau, et, peu après, le nombre de ceux qui l'imitèrent fut tel, qu'il devint nécessaire de surveiller de près cette foule turbulente, inquiète, agitée, dont les regards errants trahissaient les soupçons et les craintes. Faisait-on une manœuvre sur le pont, ils se précipitaient à l'eau, sautaient dans leurs embarcations, et s'éloignaient en hâte, pour revenir un instant après.

Malgré les présents que l'on prenait à tâche de multiplier, ils n'en dérobaient pas moins avec une extrême adresse tout ce qu'ils trouvaient à leur convenance.

Cependant l'équipage avait besoin d'une aiguade. Alors, vers le milieu du jour, le commandant du navire envoya à terre deux canots armés pour aller en quête de l'eau. Aussitôt toutes les pirogues s'éloignèrent à la suite des canots, et même l'une d'elles prit la tête et parut vouloir guider l'expédition. Celui qui semblait la commander, grand et fort, se tenait debout à la poupe et tantôt élevait, tantôt abaissait deux gros paquets d'herbes qu'il tenait, en même temps qu'il exécutait différents gestes en cadence. Au centre de cette pirogue, on voyait aussi un jeune sauvage, bien découplé, appuyé sur une très longue lance. Il avait passé des fleurs d'un rouge vif dans les lobes de ses oreilles et dans la cloison de son nez. Ses cheveux étaient couverts d'une poudre blanche de chaux pulvérisée.

La pirogue postée en éclaireur dirigea les canots vers l'entrée d'un canal étroit que bordaient des broussailles. C'était là que devait être l'aiguade. L'officier de Surville qui commandait les canots ne crut pas prudent d'y engager ses embarcations, et pour plus de sûreté, il détacha quatre hommes accompagnés d'un sergent

pour aller à la découverte. Le détachement ne
découvrit d'autre eau que celle de marais sta-
gnants, dans lesquels il faudrait s'embourber
jusqu'à la ceinture. L'officier, devenu méfiant,
parut se plaindre de ce qu'on l'avait trompé.
Alors les sauvages firent signe aux canots de
venir derrière un groupe d'îlots, à trois lieues
du *Saint-Jean-Baptiste*, au pied d'une colline
boisée. Les quatre hommes et le sergent allèrent encore en reconnaissance : mais ils ne
trouvèrent encore cette fois qu'un filet d'eau
tombant goutte à goutte d'un rocher. Une fois
engagé près de cette aiguade, le détachement fut
abandonné par ses guides, et il lui fut très difficile de retrouver son chemin.

Cependant les sauvages, restés sur le rivage
avec les matelots et les soldats qui gardaient
les embarcations, cherchèrent à faire venir à
terre tous ces Français, afin de s'emparer ensuite des canots. Pour en venir à leurs fins, ils
montraient les cocotiers et leurs fruits, ainsi que
toutes les richesses végétales qui bordaient l'intérieur des terres. Mais nos Français restaient
parfaitement insensibles à toutes ces agaceries
et ne se laissèrent point entraîner. Alors les naturels voulurent avoir recours à la force, et ils
saisirent les amarres des embarcations afin de
les échouer sur la grève. En ce moment, le détachement reparut. Aussitôt plus de deux à trois

cents sauvages se ruèrent sur ce groupe
isolé, et qui du casse-tête, qui de la lance,
tuèrent un soldat et écharpèrent le sergent.
L'officier des canots reçut à son tour deux flèches dans la cuisse. Il n'y avait plus à délibérer.
Les Français firent une décharge à bout portant
sur toute cette masse noire, dont un chef tomba
en avant. A cette vue, les sauvages s'enfuirent
en emportant leurs blessés. C'était l'officier des
canots qui, voyant ce chef exciter ses compagnons, l'avait ajusté et tué raide. Il se vengeait
ainsi de la blessure qui faisait couler son sang.
Auprès du chef, gisaient quarante cadavres.

Ce fut alors que le caractère impatient de
Surville fit un éclat. S'obstinant à trouver de
l'eau et peu scrupuleux sur la manière de s'y
prendre, il songea à user de ruse. Parmi ses
gens, il avait deux matelots cafres. Noirs déjà
comme les naturels, ils furent poudrés de chaux
blanche, vêtus d'un maro, ils furent mis dans
une des pirogues des sauvages. Là, ces Cafres,
imitant les gestes et les allures des Salomoniens,
et pagayant comme eux, allèrent au beau
milieu de la baie, où, trompés par les apparences, les naturels s'avancèrent à leur rencontre.
Mais, tout d'un coup, et précipitamment, les
prétendus sauvages leur donnèrent la chasse;
les insulaires, éventant la fraude, s'enfuirent.
Alors les Cafres tirèrent sur les noirs d'une pi-

rogue et tuèrent l'un des deux hommes qui la
montaient. En tombant, son corps fit chavirer
la pirogue. Le second sauvage essaya de s'é-
chapper, mais nonobstant l'adresse avec laquelle il plongeait, les Cafres s'en saisirent. C'é-
tait ce qu'avait désiré le commandant Surville.
On lui amena le Salomonien, jeune noir de
quatorze à quinze ans, appelé Lova-Sarega. Il
se défendait d'une façon inimaginable : enfin la
force l'emporta. On le hissa sur le pont, après
l'avoir garrotté. Là, il contrefit le mort pendant
une heure peut-être. Toutefois, comme on fei-
gnit de vouloir le suspendre pour le laisser re-
tomber de toute sa hauteur, on remarqua qu'il
prenait bien soin de se préserver la tête. Bref,
fatigué de cette manière d'échapper à ses ennemis, peu à peu il ouvrit les yeux, et, comme les
gens du navire réunis autour de lui mangeaient
de bon appétit, il fit signe qu'on lui donnât de
leur biscuit et il le dévora en vrai vivant. Cependant, c'était un trop rusé compère pour
qu'on l'abandonnât à lui-même. On lui laissa
donc ses liens. Le lendemain, comme l'avait
prévu Surville, Lova-Sarega ne se fit pas prier
pour conduire l'équipage à l'aiguade, où l'on fit
une ample provision d'eau, en ayant bien soin
de tenir les sauvages trop curieux à distance, à
l'aide de quelques coups de fusil.

Mais le sergent blessé mourut, et l'officier atteint par les flèches ne put se guérir qu'après une année entière, car, comme on le supposa, les flèches devaient être empoisonnées. La relâche du *Saint-Jean-Baptiste* sur cet archipel n'eut d'autre résultat que de faire provision d'eau, d'en emporter des cocos, des choux palmistes et des huîtres, coquillages, etc. En outre, on fit un dossier de documents sur ces îles, qui sont d'autant plus précieux qu'ils sont à peu près les seuls que les navigateurs nous aient procurés. Comme spécimen d'un ornement vu sur les sauvages, Surville emporta des colliers et des pendants d'oreilles, et même une ceinture, faite de dents humaines, très certainement dépouilles des ennemis tués et dévorés sur le champ de bataille.

Le subrécargue du *Saint-Jean-Baptiste*, appelé Mosmeron, et qui a écrit quelques détails sur cette expédition du capitaine Surville, nous apprend que le Salomonien Lova-Sarega passa deux ans avec les Français. « Il était à peine depuis deux mois sur le vaisseau, dit-il, qu'on remarqua qu'il apprenait notre langue française avec la plus grande facilité. Mais les progrès qu'il avait faits furent retardés par un séjour de trois mois chez les Espagnols du Pérou. Il parvint néanmoins, pendant ce temps, à se faire entendre assez bien dans les deux idiomes..... »

Le 21 octobre, Surville quittait l'île Isabelle,

et bientôt il découvrit quelques îles qu'il nomma
Arsacides. Plus tard, Dumont-d'Urville recon-
naîtra que ces Arsacides sont les îles Malaïta,
découvertes par l'Espagnol Ortéga, etc. Il faisait
voile alors pour la Nouvelle-Zélande, où il arriva le 12 décembre.

Mais il ne put mouiller que cinq jours après
dans la baie Oudoudou, qu'il appela baie de
Lauriston, du nom du gouverneur de Pondichéry, son expéditeur dans ce voyage.

Surville ne se doutait guère que peu de
jours après son départ, Cook arriverait dans
cette même baie et en lèverait le plan.

La Nouvelle-Zélande fut découverte par Abel
Tasman, le 13 décembre 1642. On crut d'abord
que c'était une seule île. Et pourtant il entra
dans le détroit qui partage les deux îles, et qui
est appelé maintenant détroit de Cook. Mais,
ayant été attaqué par les naturels après qu'il
eut jeté l'ancre dans la baie qu'il appela baie
des Assassins, il ne débarqua pas et s'éloigna.

La Nouvelle-Zélande se compose de deux grandes îles. Leur superficie se réduit à une bande
de terre de quatre cents lieues de long sur
vingt-cinq à trente de largeur moyenne.

Cette bande est coupée, vers son centre, par
un détroit. C'est dans ce détroit que se trouve
la baie des Assassins, de Tasman, et c'est ce détroit qui a pris le nom de détroit de Cook, qui,

le premier, la parcourra dans toute sa longueur.

La première île de la Nouvelle-Zélande occupe le nord de ce détroit et se nomme Ika-na-Mawi.

La seconde île, celle qui est au sud du détroit, a nom Tavaï-Pounamou.

Cook trouva aussi, à la pointe nord-est de Tavaï-Pounamou, un canal pénétrant dans les terres, et qu'il appela canal de la Reine Charlotte.

Ika-na-Mawi offre un aspect pittoresque. Collines et montagnes couvrent le sol. Les bois les plus épais, les arbres les plus verts, des cèdres de toute beauté décorent les rivages comme les pics les plus élevés. Les vallées y sont magnifiques et presque toutes sont arrosées par des torrents et des ruisseaux d'eau douce.

Tavaï-Pounamou est un pays montueux, et, selon toute apparence, stérile. On y voit peu d'habitants. Cook n'y rencontra qu'une famille, dans la baie de Dusky ; et il n'y avait qu'une peuplade dans le voisinage du canal de la Reine Charlotte, où les matelots du capitaine Furneaux furent massacrés.

En passant le long de ces îles, le navigateur trouve des enchantements continuels. Des troupes d'oiseaux de mer animent les côtes ; toute la contrée retentit d'une musique merveilleuse formée par les chants de mille espèces d'oiseaux

trument appelé *tastow*. Les femmes cependant
ne se peignent guère que les lèvres; mais les
hommes se tatouent le corps entier. Ils y ajou-
tent des cicatrices qui leur couvrent souvent
tous les membres de bourrelets de chair.

Leur habillement est composé de feuilles d'une
espèce de glaïeul. Ils coupent ces feuilles en
trois ou quatre bandes, et, lorsqu'elles sont sèches, ils les enlacent les unes dans les autres et
forment une sorte d'étoffe qui tient le milieu
entre une natte fine et le drap. Il faut deux pièces de cette étoffe pour un habillement com-
plet; l'une est attachée sur les épaules avec un
cordon et pend jusqu'aux genoux; l'autre est
enveloppée autour des reins et pend jusqu'à
terre. Quand ils n'ont que leur vêtement de dessus et qu'ils s'accroupissent, ils ressemblent
assez à une petite maison couverte de chaume.
Quoique cette couverture soit désagréable, elle
est bien adaptée à la manière de vivre d'hommes qui couchent souvent en plein air, sans
avoir autre chose pour se mettre à l'abri de la
pluie.

Les deux sexes percent leurs oreilles, et en
agrandissent les trous de manière qu'on peut y
faire entrer au moins un doigt. Ils passent dans
ces trous des ornements de différentes espèces,
de l'étoffe, des plumes, des os de grands oiseaux, et quelquefois de petits morceaux de

bois. Ils y mettent le plus souvent les clous que leur donnent les navigateurs qui les visitent. Quelques femmes placent dans ces trous le duvet de l'albatros, qui est aussi blanc que la neige, et qui, étant relevé devant et derrière le trou en une touffe aussi grosse que le poing, forme un coup d'œil très singulier et assez agréable. Les femmes portent enccre des bracelets et des colliers composés d'os d'oiseaux et de coquillages qu'elles enfilent en chapelet.

Leurs cases sont les plus grossiers et les moins soignés de leurs ouvrages. Rarement on leur trouve plus de dix-huit ou vingt pieds de long, huit ou dix de large, et cinq ou six de haut. La charpente est de bois et ordinairement de perches minces. Les côtés et le toit sont composés d'herbes sèches. Le tout est fort peu solide. En dedans, ils tapissent les murailles d'écorces d'arbres. La porte ouvre à l'une des extrémités et n'a de hauteur que pour y passer en rampant. Près de la porte il y a un trou carré qui sert à la fois de fenêtre et de cheminée, car le foyer est à cette extrémité.

Les meubles et ustensiles de ces cases sont en petit nombre. Un coffre les contient à peu près tous, si l'on en excepte leurs paniers de provisions, les calebasses où ils conservent l'eau douce, et les maillets dont ils battent la racine de fougère qui fait la base de leurs repas. Quelques outils grossiers, leurs nattes ou habits, leurs armes et les plumes qu'ils mettent dans leurs cheveux, composent le reste de leur ameublement. Les plus élevés de chaque district, et dont la famille est nombreuse, ont trois ou quatre maisonnettes enfermées dans une cour. Les cloisons en sont faites avec des perches et du foin.

La racine de fougère est le principal de leurs aliments et celui qu'ils affectionnent le plus. Elle leur sert de pain. Elle croît sur les collines. Les oiseaux qu'ils mangent, les jours de régal, sont particulièrement des pingouins et des albatros. Ils mangent aussi du poisson. La Nouvelle-Zélande ne produisant ni moutons, ni chèvres, ni cochons, ni bétail, la population vit d'une manière très frugale et parfois souffre de la disette, surtout un peu loin de la côte. Ils n'ont pas de volailles apprivoisées. Excepté les chiens qu'ils mangent, ils n'ont guère que la racine de fougère pour véritable subsistance.

Lorsqu'ils font des excursions pour trouver cette racine de fougère, ou pêcher, ils ne s'occupent en aucune façon d'avoir un abri. Il couchent alors sous des buissons, leurs armes rangées autour d'eux, sans avoir même le soin de se garantir du vent.

Comme beaucoup de sauvages de l'Océanie, ils n'ont pas de vases pour faire bouillir de l'eau.

Ils n'ont d'autre manière alors que de creuser dans la terre des espèces de four, dans lesquels ils font griller ou rôtir leurs aliments.

Quant à leur boisson, c'est de l'eau pure. Aussi, généralement, se portent-ils à ravir; aussi encore, voit-on chez eux un grand nombre de vieillards.

Leurs armes sont des lances, des dards, des haches en pierre pour la bataille, et le patou-patou, sorte de casse-tête attaché à leur poignet à l'aide d'une courroie. Ils combattent leurs ennemis corps à corps. Aussi le massacre est sans limites. Ils sont d'autant plus ardents à le tuer, qu'ils ne quittent ensuite le champ de bataille qu'après un gigantesque festin de deux, quatre, six, huit et dix jours, horrible banquet composé des cadavres de leurs ennemis.

Où leur industrie se montre le plus, c'est dans leurs pirogues. Elles sont longues et étroites. Les plus grandes sont des pirogues de guerre : elles peuvent porter jusqu'à cent hommes armés. L'ornement de la pirogue s'avance d'ordinaire de cinq à six pieds au-delà du corps du petit bâtiment. Les plus petites pirogues ont des balanciers, et vont à voiles. Quelques-unes de leurs grandes pirogues ont jusqu'à trente pagaies, quinze de chaque côté : et cependant les rameurs gardent aussi exactement la mesure que si tous les bras étaient animés par une âme commune. Au moyen de leurs pagaies, ils font marcher leurs pirogues avec une vitesse surprenante : elles volent sur les flots.

Les Zélandais ont des instruments sonores, mais peut-on les appeler instruments de musique ? L'un est la coquille appelée la trompette de Triton, avec laquelle ils font un bruit semblable à la corne de bœuf de nos porchers. L'autre est une petite flûte de bois ressemblant à une quille d'enfant, mais beaucoup plus petite.

Hélas! les Zélandais mangent la chair humaine avec délices : ils sont anthropophages. Dans toutes les anses où débarquent les navigateurs, sur tous les rivages, on trouve des os humains encore couverts de chair, près d'endroits où l'on a fait du feu. Ils conservent les têtes de leurs victimes, dont ils sucent les cervelles; puis ils adaptent à ces têtes, dont ils font des trophées, des yeux et des ornements dans les oreilles, tout comme si elles étaient encore vivantes.

A cette époque, on ne pouvait savoir encore quels hommages les Zélandais rendaient à leurs divinités : on ne voyait pas chez eux de lieu destiné au culte public, comme les moraïs des insulaires de la mer du Sud. On voit quelquefois des femmes, à l'aide de coquillages aigus et coupant comme des rasoirs, se faire d'affreuses blessures aux bras et aux cuisses, s'inonder de sang, se martyriser cruellement, et ne pas pousser un cri de souffrance. Il paraît que c'est pour être agréables à leurs dieux...

Nous avons dit que ce fut dans la baie d'Oudoudou, appelée ensuite baie des Iles, par le capitaine Cook, sur la côte occidentale de l'île Ika-na-Mawi que le capitaine Surville fit mouiller le *Saint-Jean-Baptiste.*

Dès le lendemain notre navigateur descendait à terre.

Tout autour de la baie et sur tou'es les hauteurs qui l'environnent, on voyait des nuées de Nouveaux-Zélandais suivant du regard toutes les manœuvres du navire et des chaloupes. Les plus rapprochés du rivage haussaient et baissaient alternativement des peaux de chiens ou des paquets d'herbes qu'ils tenaient à la main. Surville alla droit à un chef qu'il reconnut à de nombreuses plumes blanches disposées en rayons dans ses cheveux noirs. Il en fut très amicalement accueilli, et quelques présents ayant été faits, les étrangers et les naturels entrèrent en communication. Seulement les insulaires ne peuvent échanger avec le vaisseau que de misérables provisions, des herbes par exemple, pauvres en ressources qu'ils étaient.

Quelques jours après, du navire on vit les Zélandais, les armes à la main, se réunir sur le

rivage. Des signes faits par le chef invitaient
Surville à venir à lui. Le capitaine français,
hardi et sans défiance, alla seul à terre. Alors
le chef lui donna tous les témoignages d'amitié. Puis, lui montrant le fusil dont Surville s'é-
tait muni, le sauvage exprima par ses gestes
qu'il serait très aise de le posséder. Surville re-
fusa. Ce fut ensuite le tour de l'épée. Cette fois
le commandant, la détachant de sa ceinture,
l'offrit gracieusement au chef des insulaires.
Aussi, heureux et fier, le sauvage courut à ses
hommes pour leur montrer son arme avec une
sorte d'orgueil. En même temps, il leur adressa
un long discours qui parut plein de verve.

De ce moment la meilleure intelligence régna
entre les naturels et les gens du vaisseau. De
nombreuses pirogues leur apportèrent chaque
jour des herbes et tous les rafraîchissements
qui étaient à leur disposition. Ce fut un heureux moyen de rendre la santé aux malades du
bord.

Le chef ayant fait comprendre au capitaine
français qu'il serait flatté de visiter le vaisseau,
on lui envoya un canot, et il se préparait à s'embarquer lorsque les sauvages, dans un vertige
de terreur pour leur chef, poussèrent des cris
d'une telle violence que celui-ci s'empressa de
regagner le rivage.

Alors que le *Saint-Jean-Baptiste* était à l'an-

cre, une des violentes tempêtes, familières aux
parages de la Nouvelle-Zélande, éclata dans la
baie d'Oudoudou, et fit courir les plus grands
dangers au navire. Surville manœuvra de telle
sorte qu'il sauva le vaisseau ; mais la chaloupe qui
était à terre, pour y conduire les malades, fut
obligée de céder au gros temps. Le vent le
poussa dans une petite anse, au pied d'un village dont le chef suprême s'appelait Nagui-Nouï.
Malgré son état sauvage, Nagui-Nouï était un
homme généreux et bon. Il courut à la plage,
se fit suivre de tous les malades, les amena dans
sa plus grande case, et, là, leur prodigua lui-
même les soins d'un homme civilisé et les rafraîchissements les meilleurs pour leur position. Ce
n'était pas la cupidité qui le faisait agir, car le
brave insulaire ne voulut rien accepter en retour.

Cependant la violence de l'ouragan détacha
aussi de la hanche du vaisseau un canot qui
alla s'échouer près du même village de Nagui-
Nouï.

Aussitôt Surville envoya quelques hommes à
la recherche de la petite embarcation. On ne la
trouva pas. Les naturels, alléchés par la proie,
s'étaient emparés du canot et l'avaient si parfaitement caché, que jamais plus on ne le re-
vit, mais cela ne faisait pas le compte du capitaine. Irrité de la disparition de son canot, Sur-

ville alla faire lui-même les perquisitions les plus minutieuses ; et, imaginant que les sauvages, pour faire perdre trace de l'embarcation, l'avaient coulée dans une petite rivière qui sillonnait la côte, il sonda le courant dans toutes ses parties, mais il ne trouva rien non plus; alors la colère le saisit, et sa fatale passion le fit rêver à une vengeance exemplaire.

Les sauvages se montraient dans le voisinage de la rivière. Il les appela, et, quand ils furent à sa portée, il leur fit signe d'approcher encore. Alors il saisit l'un d'eux qui vint à lui avec plus de confiance, et le rendant captif, il le conduisit à sa chaloupe, s'empara d'une pirogue pour remplacer son canot, brûla toutes celles qu'il trouva sur la plage, mit le feu au village, et enfin appareilla pour quitter la Nouvelle-Zélande.

C'était là une vengeance criminelle.

En effet, le captif, l'insulaire ainsi arraché à son île, ainsi enlevé à sa patrie, se trouva être précisément Nagui-Nouï, Nagui-Nouï le chef du village, ce bon naturel qui avait accueilli dans ses cases les malades du *Saint-Jean-Baptiste*, avec un dévouement si désintéressé, à l'heure de la tempête, dont les Français, sans son secours, eussent été les victimes.

Le pauvre Nagui-Nouï, ainsi garrotté, couché sur le pont, et voyant le vaisseau s'éloigner des côtes de son île qui se perdait déjà dans la brume, croyait qu'on allait l'assommer sur-le-champ, le rôtir et le manger. Il lui fallut un long temps pour se remettre de sa terreur. Mais enfin quand il se vit débarrassé de ses liens, libre et bien traité par les Français, il se rassura.

Toutefois, l'infortuné pleurait sans fin sa patrie, et regrettait sa racine de fougère, sa bien-aimée nourriture de la Nouvelle-Zélande.

La douleur tua Nagui-Nouï. Il mourut de consomption, près de l'île Juan-Fernandez, sur la côte occidentale de l'Amérique du Sud, le 12 mars 1770.

Surville chercha vainement l'île rêvée par Law de Lauriston et Chevalier. Jamais il ne la rencontra.

Le 8 avril 1770, il mouilla dans la baie de Chisca, sur les côtes du Pérou. Là, voulant se rendre à terre pour informer le gouverneur des motifs qui lui faisaient désirer cette relâche, il s'embarqua dans un canot, malgré un très gros temps qui régnait. Hélas! la vaillance et la vigueur de ses matelots ne purent vaincre la violence des lames, qui entraînèrent la frêle embarcation sur la barre : le canot chavira.

Surville périt au port, victime de son mépris du péril.

BAUDIN. — EXPLORATIONS DANS LES MERS AUSTRALES.

(1800—1804.)

Nicolas Baudin, né dans l'île de Rhé, s'était rendu fameux de bonne heure par ses succès dans les entreprises maritimes qui lui avaient été confiées.

Aussi, au début du xixe siècle, l'empereur Napoléon Ier lui donna le titre de capitaine de vaisseau, et lui confia les deux corvettes le *Géographe* et le *Naturaliste*, avec la mission de faire des explorations dans les régions australes.

L'expédition mit à la voile, du Havre, le 17 octobre 1800.

Les corvettes se rendirent d'abord à l'île de France, puis aux Moluques. Elles explorèrent les côtes occidentales de la Nouvelle-Hollande, encore peu connues, puis elles se dirigèrent vers la Terre de Van-Diémen, où elles mouillèrent le 13 janvier 1802.

Découverte le 24 novembre 1642, par Abel Tasman, qui lui donna le nom du gouverneur des Indes hollandaises, son supérieur, la Terre de Van-Diémen est bornée au nord par le détroit de Bass et celui de Banks, partout ailleurs par le grand Océan.

La côte méridionale est assez élevée, et c'est là que se trouve le bras de mer de douze lieues de longueur, connu sous le nom de *Canal de d'Entrecasteaux*. Dans la baie dite de la *Recherche*, se trouve le port Buache, vaste et entouré de hauteurs inégales. Ce canal, découvert par notre navigateur d'Entrecasteaux, réunit la presqu'île Tasman à la presqu'île Forestier : il a une largeur de une à deux lieues.

Sur la côte orientale de l'île Van-Diémen, nommée aussi Tasmanie, se trouve l'île Mauronard, et au nord de la même île, on rencontre le port Dalrymple, embouchure de la pittoresque rivière de Tamar.

Enfin, le long de la côte nord-ouest, sont égrenées les îles Hunter, découvertes en 1798 par le capitaine Flinders.

Ce fut près de là que notre capitaine français,

Nicolas Baudin, découvrit une île qu'il appela
île Fleurien.

Lorsque le *Géographe* et le *Naturaliste* arrivèrent en vue de la Terre de Van-Diémen, tous
les équipages, étant sur le pont, virent accourir sur la plage nombre de naturels, et il se détacha des pirogues qui accostèrent les corvettes. Aussitôt les matelots entonnèrent en chœur
et d'une voix vibrante notre fameux hymne de
la *Marseillaise*. Les sauvages, qui d'abord
criaient et hurlaient, se turent soudain et gar-
dèrent un religieux silence. On voyait qu'ils
prenaient, à entendre ce chant électrisant, un
plaisir extrême. Ils manifestaient leur jouis-
sance par des gestes et des contorsions bizarres.
A peine une strophe était-elle finie que de
grands cris d'admiration partaient de toutes les
bouches à la fois. Ces indigènes étaient peu
voilés par quelques pagnes, et une confiance
très grande comme aussi une curieuse naïveté
se manifestaient sur leurs physionomies.

En pénétrant dans le pays, dont l'accès leur
fut ouvert, nos Français tombèrent en extase à
leur tour, en face du grandiose spectacle de magnifiques et profondes forêts où la hache n'a-
vait retenti jamais encore, où la végétation se
développait sans obstacle, où régnait une ombre
éternellement mystérieuse, où l'on goûtait une

délicieuse fraîcheur et une humidité doucement pénétrante.

De la Terre de Van-Diémen, l'expédition se dirigea vers la Nouvelle-Hollande.

Au moment où les Français se présentèrent devant ces parages, la portion comprise des côtes renfermées entre le port Western et la Terre de Nuyts, à l'ouest, n'était pas encore connue. Elle reçut le nom de Terre Napoléon, que plus tard, par jalousie, les Anglais n'ont pas voulu lui laisser. Son nom actuel est Terre de Flinders, Terre de Baudin et Terre de Grant.

Nulle trace du séjour de l'homme ne se montre sur ces rivages, et l'expédition française n'y aperçut guère que des kangurous. Beaucoup de ces animaux y atteignent la hauteur d'un homme, lorsque, assis sur les jambes de derrière et sur la queue, ils tiennent leur corps perpendiculaire. Favorisés par l'absence de tout ennemi, ils ont pu se multiplier dans ces parages, où ils forment de très nombreux troupeaux. Les endroits qu'ils fréquentent sont tellement foulés, qu'on n'y peut découvrir un brin d'herbe. De larges sentiers ouverts au milieu des bois arrivent de l'intérieur au bord de la mer ; ils se croisent en tout sens et sont fortement battus. On dirait, en les voyant, qu'une peuplade nombreuse et active occupe le voisinage. Cette abondance de kangurous est une ressource précieuse pour les navires, car la chair de ces animaux est très salutaire. C'est plus particulièrement dans l'île Decrès qu'ils se tiennent. C'est aussi là que, parmi les oiseaux, on rencontre quantité de casoars, très habiles à la course. Enfin, les rivages sont très poissonneux, et on y trouve partout une grande abondance d'excellentes huîtres.

Le port du Roi-George se présente dans la Terre de Nuyts. Il a été très souvent visité depuis que Baudin l'a signalé. Sa position à l'extrémité sud-ouest de la Nouvelle-Hollande, ses ressources nombreuses sur un continent où elles sont très rares, lui donnent une importance que les navigateurs savent parfaitement apprécier. Il se compose de trois bassins principaux : le plus en dehors est le port du Roi-George proprement dit ; mais il sert de rade aux deux autres, qui sont le havre aux Huîtres et le havre de la Princesse Royale. Les marées y sont fort irrégulières ; la plus haute de jour est de trois pieds, et, dans la nuit, de sept à huit.

Les naturels de la Terre du Roi-George ont une taille moyenne, les membres grêles, et presque tous un ventre proéminent. Leur seul habillement est une peau de kangurou, descendant jusque près du genou, jetée comme un manteau sur les épaules, et attachée sur l'épaule droite avec un jonc, de manière à laisser le bras libre dans ses mouvements. Lorsqu'il pleut, ils mettent la fourrure en dehors. Plusieurs de ces misérables vêtements sont si courts, si étroits, que ceux qui les portent semblent marcher tout nus.

Lorsqu'ils prennent les insignes du deuil, ils se dessinent une bande blanche sur le front, et s'en zèbrent les joues. Les femmes se marquent le visage de taches de même couleur.

Généralement ils ne se peinturent ainsi le corps que pour les danses ou les réunions de plaisirs. Ils ont aussi l'usage de se balafrer les épaules ou la poitrine d'épouvantables entailles qu'ils entretiennent dans un état de constante tuméfaction sanguinolente. Pour eux, c'est le comble de la distinction. Ils se perforent aussi la cloison nasale, et dans cette ouverture ils placent une plume, un os, ou y suspendent un anneau de cuivre.

Ces insulaires vont-ils d'un lieu à un autre, ils portent un bâton de banksia allumé par un bout, afin de pouvoir avoir du feu à leur disposition, et, en hiver, tous en ont sous leur manteau pour se préserver du froid.

Ils ont pour armes des lances de différentes grandeurs, des couteaux de pierre, et un *curl* ou espèce de faucille, en pierre encore. Leurs lances peuvent servir pour la pêche en y adaptant un nerf de kangurou ; ces lances sont longues de dix pieds ; mais les lances de guerre sont encore plus longues, et aussi plus lourdes, car elles sont munies de pierres aiguës, dentelées comme des scies, et fixées avec de la gomme.

Leurs huttes consistent en quelques baguettes plantées dans la terre et formant un berceau de quatre pieds de haut sur six de large. Elles sont recouvertes de feuilles, auxquelles on ajoute des morceaux d'écorce dans la saison des pluies. On trouve ces cabanes près des courants d'eaux, dans les anfractuosités des roches, du côté opposé au vent régnant, et toujours précautionnées d'un feu qui brûle devant la porte. C'est sous un tel abri que ces sauvages reposent pêle-mêle, même avec les chiens, et enveloppés de leurs peaux de kangurous. Sept ou huit de ces huttes, groupées ensemble, forment un campement, excepté dans les jours de pêche, où les Indiens se rassemblent en nombre considérable. L'hiver et le printemps sont les deux saisons qui les voient le plus disséminés. Ils se rapprochent, quand vient l'été. Pour eux c'est le moment de la chasse, pendant lequel ils amassent des quantités de gibier en mettant le feu à l'entour des endroits les plus giboyeux. Alors les chasseurs, cachés par la fumée, tuent les pauvres animaux à leur passage et en détruisent en nombre incalculable. Aussitôt que le feu est éteint, leur grande occupation est de chercher parmi les cendres les lézards et les serpents, qu'ils prennent aussi plus facilement dans leurs trous, lorsqu'ils sont engourdis par la chaleur.

Dans ces chasses, les naturels de la Terre du Roi-George se font aider de leurs chiens, qu'ils ont pris jeunes et qu'ils ont dressés dans ce but. Ceux-ci semblent doués d'un flair très subtil, et, s'élançant contre le gibier, ils le saisissent ou le font lever avec une adresse des plus rares. Mais ils ne viennent à bout ainsi que des petits kangurous et des opossums. Ces chiens se nourissent de végétaux, de racines, d'entrailles et de débris d'animaux. Ils aboient rarement, mais ils mordent ferme, en happant à la façon du renard. C'est du reste un très bon gardien domestique, que le chien de ces contrées, car il attaque hardiment l'étranger. Dans l'état sauvage, les naturels le tuent pour en manger la chair.

Nous avons fait comprendre que les lézards et les serpents étaient un des aliments de ces sauvages; ils s'en font un régal. Ils mangent également des fourmis, et surtout leurs œufs, qui ont un goût d'huile. Au printemps, les nids d'oiseaux leur fournissent un mets bien autrement recherché. Perroquets, faucons, ducs, cygnes, pigeons, tout leur est bon. Ils se rendent maîtres de l'oppossum, qui saute d'arbre en arbre en se donnant l'élan au moyen de sa queue entortillée autour des branches, en suivant la trace de ses griffes sur l'écorce, jusqu'à son trou dans le creux des arbres.

Ces pauvres Indiens n'ont pas de canots et ne savent pas nager. C'est une exception bien rare, car tous les sauvages de l'Océanie nagent dans la perfection. Ils ne peuvent donc prendre que le poisson qui s'approche du rivage. Les embouchures des ruisseaux et des rivières, qu'ils ont soin de munir de digues pour retenir le poisson après les marées, leur en fournissent une grande abondance. Dépasse-t-elle leurs besoins présents, ils sèchent, rôtissent et conservent dans des écorces ce qu'ils ont de trop. Ils prennent ainsi des huîtres, des tortues, des veaux marins et même des baleines que la tempête fourvoie et jette sur leurs côtes.

C'est ainsi que les habitants du port du Roi-George vivent de la nature, sans aucun secours de l'art, car leur alimentation varie selon les saisons, pauvre en qualité, souvent rare, et les contraignant pour la trouver à une vie nomade. Aussi la population n'est pas très nombreuse.

Dans les temps de sécheresse, ils quittent leurs régions, si elles se trouvent privées d'eau. Alors ils grimpent sur les arbres afin d'étancher leur soif, en pratiquant des trous dans les bran-

ches afin d'en humer la sève. C'est aussi le
moyen qu'emploient leurs femmes pour se ra-
fraîchir la bouche.

Ils ont des idées superstitieuses à l'endroit
des aliments. Ainsi, d'après eux, les garçons ne
doivent pas manger d'aigle noir, autrement ils
n'auraient pas de belle barbe. Ils regardent la
caille comme la diète des vieillards, etc.

Ordinairement ces sauvages dansent la face
peinte en rouge, et sur les bras, comme sur le
corps, on aperçoit différentes figures et dessins
peints en blanc. On emploie cette dernière couleur pour la danse, parce qu'on la voit mieux de
nuit. Leur danse est accompagnée de beaucoup
de contorsions, et représente communément la
chasse et la mise à mort de divers animaux.
Aussi n'offre-t-elle ni élégance ni prestesse; au
contraire, elle est gravement symbolique. Le
bruit que font les danseurs n'a rien de musical,
car ils répètent sans fin un *ouô! ouô! ouô!* qui
est fort déplaisant à entendre.

Leurs médecins ou *mulgaradocks* semblent
avoir une grande influence. On les regarde comme ayant le pouvoir de repousser le vent ou de
chasser la pluie. Les plus habiles font tomber
la foudre ou une maladie sur l'objet de leur
haine.

Ils ont rarement des guerres, ils ne sont pas
capables de les faire. Mais, dans leurs rixes, ils

emploient leurs marteaux de pierre, leurs longues lances, et leurs coups seraient mortels s'ils étaient violemment appliqués. Heureusement pour leurs adversaires, ils frappent avec une mollesse de femmes.

Cependant, quand par hasard ils sont contraints de guerroyer, leurs attaques ont lieu le plus souvent la nuit, et toujours à la dérobée. Dès que l'ennemi s'approche, ils poussent une violente clameur, saisissent leurs lances, fondent sur lui en tumulte, enfouissent leur barbe dans leur bouche et font les plus affreuses grimaces qu'il soit possible de se figurer. Ensuite un ou deux guerriers de part et d'autre se livrent un combat singulier : mais pendant l'action, les témoins de la lutte essaient de les séparer en courant autour d'eux.

Leurs funérailles sont accompagnées de lamentations bruyantes; une fosse longue de quatre pieds et profonde de six, est creusée. On dépose dedans une écorce, des rameaux verts et le cadavre enveloppé de son manteau de kangurou, les genoux repliés vers la poitrine et les bras croisés. On recouvre le tout de nouvelles branches et d'écorce, et enfin de terre, pour remplir la fosse. Alors on plante la surface du tombeau de branches d'arbres, de lances et du couteau de pierre du défunt. Les pleureurs gravent des cercles dans l'écorce des arbres voisins; puis on allume un petit feu en tête et on recueille les débris de rameaux en ayant soin de ne pas laisser après des parcelles de terre. Les parents se peignent la face en blanc, se font quelques pustules au front, aux tempes et sur les pommettes des joues; on se coupe même quelque petit bout du nez et on l'égratigne pour en faire couler des larmes, et c'est fait.

Une femme est également ensevelie avec tous ses accoutrements et ustensiles.

Après ces explorations de Baudin, il fallut, le 4 juin 1802, par suite de l'épuisement de l'équipage, aller prendre une relâche au Port-Jackson, en face de Sydney.

L'expédition continua ensuite ses recherches; mais l'infortuné Baudin, malade depuis longtemps, dut renoncer à de plus longs travaux, et ramenant ses navires à l'île de France, au commencement de 1803, il y mourut, regretté de tout son équipage et de ses nombreux amis.

Ce fut le capitaine Milins qui ramena les deux corvettes en France, où elles arrivèrent au port de Lorient, le 25 mars 1804, après avoir parcouru dix-sept mille lieues marines, avec des fatigues sans nombre.

FIN

TABLE.

FIN DE LA TABLE.

LIMOGES et ISLE,

Imprimeries Eugène Ardant et C. Thibaut.